U0909582

教育好自己

教育者内心成长 *100* 法

林格  著

山西出版传媒集团　山西教育出版社

图书在版编目（CIP）数据

教育好自己 ：教育者内心成长 100 法 / 林格著. —
太原 ：山西教育出版社，2024. 4
ISBN 978-7-5703-3250-2

Ⅰ. ①教… Ⅱ. ①林… Ⅲ. ①教育工作—研究 Ⅳ.
①G4

中国国家版本馆 CIP 数据核字（2023）第 084397 号

教育好自己——教育者内心成长 100 法
JIAOYU HAO ZIJI——JIAOYUZHE NEIXIN CHENGZHANG 100 FA

责任编辑 李梦燕
复　　审 霍　彪
终　　审 康　健
装帧设计 薛　菲
印装监制 蔡　洁

出版发行 山西出版传媒集团·山西教育出版社
（太原市水西门街馒头巷 7 号　电话：0351-4729801　邮编：030002）
印　　装 山西新华印业有限公司
开　　本 889×1194　1/24
印　　张 10. 5
字　　数 166 千字
版　　次 2024 年 4 月第 1 版　2024 年 4 月山西第 1 次印刷
书　　号 ISBN　978-7-5703-3250-2
定　　价 50. 00 元

前　言

教育的过程中，起决定性作用的是教育者的精神世界，包括教育者自身内心的高度、文化的底蕴、德行的厚度和审美的境界。

可以说，孩子身上的所有问题，折射出来的都是大人身上的问题，比如，孩子之所以浮躁、迷茫、厌倦，是因为他们渴望得到的平静、引领、祝福，我们没有给到。

本书的着力点放在教育者自身的内心高度上，结合中国教育的发展，将先贤圣哲的义理加以提炼，最后转化为内心成长100法，一道一阶，一阶一道，进而化成自己理想的人格，即：宁静的自信，平静的接受，喜悦的参与，优雅的从容，深远的辽阔。

林　格

2023年冬

目　录

一、始终把心定在高处

二、在细节上驾驭自己

三、自己活好了，才有能力爱别人

四、培养大的人格

六、把心安住在当下

七、取得的成就越大越是靠修养

九、所有的捷径都是骗人的

十、命运，就是你遇见的人

十一、不断自我更新

一、始终把心定在高处

我们的一切痛苦与艰难，都是因心太低了。

心在山谷里，在山谷里面，有猛兽、毒蛇、细菌、病毒，我们的心始终在那里和它们纠缠、搏斗，所以就痛苦不堪。

所以，需要不断提升我们的内心高度，“身”可以在红尘中，但“心”必须定在高处，“心”和“身”拉开距离，就有了“容”，所谓“容易”，就是“能容则易”，遇到事情，能转身、能化解。

心在高处，那么，你做什么都能做好。心在高处，这就像山巅上的一棵树，太阳出来，也先来照耀他、照顾他。

1 提升自己的内心高度

人与人之间最大的区别是内心的高度不同。

内心在高处，太阳出来也先照耀你；内心在山谷里，每天只能与病毒、虫害、阴暗做斗争，欲罢不能。

内心在高处，才能看见前行的通途与方向，才能从具体的事里跳出来，看见事情背后隐藏着的秩序与规律。

内心的高度，也可以说是境界之高度，境界高的人只谈有志于学、谈理想、谈情怀，境界低的人天天谈是非、对错、得失、利害。人活着，主要是看其在哪个境界上。

提升内心的高度，是中国文化最要处，也是文化人的价值所在。正如朱子所说，读《论语》："今日读一章，明日便该觉得自己像换了一个人。"

2

站在三十年后看现在

没有远虑，必有近忧。

所谓的战略，不是将来要做什么，而是现在做什么才有将来。

“未来已来”，不是未来向我们走来，而是我们把手头上的事情做好，不知不觉，我们便走到了未来的跟前。

如果站在三十年后看现在，我们现在着急的、揪心的、痛苦的，也就淡然了，三十年后还能坐在这里正常喝茶，已经算是一种福报了。

教育孩子，如果能站在三十年后看现在，就知道我们应当赋予孩子什么，因为，教育是照顾未来的事业。

3

看法决定做法

看法决定做法，而看法，是由认知的维度所决定的。

“积极地看”。积极地看，才能看见优势、长处、机会，而凡事选择消极，看见的都是缺陷、不足和沮丧。

“发展地看”。所有的事情不是一成不变的，都会发展。发展的原理是：在发展中改革，在改革中发展。高人之所以高，是因为他有发展的眼光。

“整体地看”。你现在看见的，只是一个局部，从这个局部推导出其整体所在，进而处理好局部与整体的关系。

“阶段地看”。你现在所处的阶段，永远只是事物发展的某一个阶段，当我们明晰了上个阶段是什么、下个阶段是什么，我们就能定位自己了。而定位，是一个根本智慧。

4

发展的三大铁律

人，无论是生命的发展，还是事业的发展，有三大铁律：

一、优势发展规律。发现并不断强化优势，做到极致之后，才能谋求全面发展。

二、特色发展规律。各有特色，各美其美，充分发挥，最后形成百花齐放、百家争鸣的局面。

三、突破发展规律。所有的发展本质上都是螺旋式的。发展到了一个阶段，会出现瓶颈，此时不谋求突破便会内卷，总成本会大幅提高，因此，需要找到一个小的突破口，集中优势兵力，突破之，拓展之，从而进入新的一个阶段。

5

始终把自己放在低处

真理寻找你，正如水寻找洼地，它往下流，找到一个地方，渐渐地，变成一个湖泊。

始终把自己放在低处，等于把别人放在高于自己的维度去看待，永远让别人活在自己的礼敬之中。人与人之间，需要互相托举。而越是把自己放在低处，对别人的托举的力量就越大。最误人并常常把自己陷于困境的，往往正是傲慢与自我感觉良好。

6

找到精神家园的入口

活着，就要拥有一个属于自己的精神家园。

在自己的精神家园里，可以独自享受学习所带来的喜悦与光明，没有世俗的标准，自在，坦然。

精神家园的入口，叫作“染心”。

什么是染心?

有一个人，经过多年修炼终于成了仙。有一天在云端看见下面溪水边有一个少女在用脚踩洗衣服。少女的脚踝很美，仙人一下子染了心，就从云端上“吧唧”掉下来了。

有一件事情让你“染心”了，你因此心生喜悦，这种喜悦会生发热情与动力，推动你往下走，往静处走，此时，心思是纯净的、清晰的，听不见外面的喧嚣和争执，能感觉到自己的精神或灵魂被安顿住了。这里，就是你的精神家园了。

7

保持适度的孤独

人生的意义与开展，集中体现在两件事上：爱与孤独。就像高铁的双轨，两者缺一不可。

孤独的时候，才能与自己的灵魂相遇。世界上三大宗教都是在孤独状态下创建的，也就是说，孤独是精神创造的必要条件。

化于日常，就是：珍惜、享受、回味独处的时间。独处，是为了进行内在的整合，是为了重建自我。

8

自尊，才能赢得他人尊重

人人都喜欢让别人尊重自己，但很多人不知道，赢得别人的尊重与托举，前提是要尊重自己，即自尊。

自尊，是始终把自己往高处挂，就是时时想：我是一个伟大的人，我是一个了不起的人。然后按照伟大和了不起来要求自己，伟大的人和了不起的人怎么做，我也怎么做，所谓“彼既丈夫我亦尔”，万万不可随意或任性，一旦随意或任性，马上就会堕落。

自尊，与贡高不同。贡高是妄自尊大、目空一切，是傲慢；自尊是要求自己德行的提升。

教育孩子，最终目的是使其成为一个受人尊敬的人，其切入的点就是自尊的真正建立。

9

内圣外王

王阳明十几岁立志要做圣人，持志如心痛，自此，所有的经历和磨难，都化作他精神生命的营养。他用生命为后世点燃了一盏灯，光照千秋。

曾国藩因此受到启迪，把内圣之路视为一生追求。他每走一步路，都是内圣外王的路，坚实，坚定，不犹豫，不找借口，义无反顾。

内圣，就是不便于和外人说，暗暗地把自己放在圣贤的高度上，去仰视，并勇敢地走过去，不受一丝一毫的外在的、现实的干扰，把一切的遭遇当作“事上磨”，当作获得智慧的磨刀石。

人人皆可为圣人。内圣外王，一阶一道，一道一阶：

一是“可欲之谓善”。如果一个人立身行己，合乎天理，只见得他可爱，不见得他可恶，便是善。

二是“有诸己之谓信”。切实笃行自己的善，不装不假，不自欺欺人，守时守信，言行一致，知行合一，便是信。

三是“充实之谓美”。善信虽有，但蓄积不够充实，还不足以为“美”。万事都是积累而成，成功是，美德也是，是一个量变的过程，量变到质变，成其为美。

四是“充实而有光辉之谓大”。什么是大人？张居正注解说，积善积信，蓄积日久，自然显著，通畅于四肢，发扬于事业，以至于广大高明，是为大。

五是“大而化之之谓圣”。大，大行其道，化，教化天下。大到包容天下，不见他思考，不见他行迹作为，但无数的人受其感召，是为圣。

六是“圣而不可知之之谓神”。出神入化了，是为神。

对于教育者而言，只有自觉选择了内圣之路，才能真实地面对现实或尘世间的一切，否则，要么逃避推诿，要么被蒙在鼓里，要么浑浑噩噩。

10
改　过

改过，是十分光明磊落的，足以造就伟大人格，即“知而能改，可以跂圣”。

但，改过又极难，古贤讲，为了改一个嗔怒之过，用了二十年，尚未消磨得尽。

据我三十年改过的经验，最难改的是以下之过：

一、多言。

孔子讲“驷不及舌”，多言，太可怕了，把好不容易沉淀的一点德行都被多言抵消了，所以必须改。要知道，寡言，才是最高的修养，所谓“闭着嘴说话”。

二、背后说人坏话。

古贤说，时时检点自己且不暇，岂有功夫检点他人。有时为了求证一个观点，我们难免会在背后随口去臧否别人，或许不是坏心，但说出来就是坏话。有大人格的人，一辈子都不在背后说人坏话。

三、吃不了亏。

能吃亏的，都是君子；吃不了亏的，都是小人。吃亏不是为了求福，而是因为害怕第二天不小心占了别人便宜，所以每天主动找一点亏来吃，填填肚子，求个心安。

四、闻谤愤愤不平。

听见别人批评或诽谤，愤愤不平，整晚睡不着觉，非得想个辙去辩解去对付。古贤云，何以息谤？无辩！如果人家真的批评对了，大大方方改正，就像日食月食，过也，人皆见之；更也，人皆仰之。如果人家批评错了，至少给我们提供了一个思考问题的新的角度。

五、傲慢。

傲慢的背后就是没有什么东西、没什么实力。有实力的人，都是把自己放在“无”的位置上，“一无所有”，“一无是处”，“一无所知”，“一事无成人渐老”，“一钱不值何消说”。

六、找捷径、找靠山。

一遇到问题，马上想到的是找捷径，或向外求，找关系找靠山。这是大过，如果不改正，还会传给下一代。造物所忌，曰刻曰巧。所有的捷径都是骗人的，所有的弯道超车、走小道走后门，迟早都会翻车。找靠山，靠山倒了，先压死的是找靠山的；或者两座靠山相撞，血肉模糊的一定是找靠山的人。古贤云，“吾性自足，不假外求”，“赵孟之所贵，赵孟能贱之”，要把自己的德行修到高处，让自己变得很值钱，有一套谁也拿不走的富贵。

以上六过，实在是需要吾等下大功夫改之，甚至不惜花三十年时间。

11

慎始善终

之所以不能善终，是因为没有慎始，开始的时候草率了。

启动一件事情，要慎重，要有退出机制。

一旦启动，坚持到底，有始有终。

真正的坚持，不是确信坚持就是胜利，而是有使命驱使，有志向支持，并能接受任何结果。

12

分得开，连得上

教师和家长常问：你懂了吗？孩子都说：懂了。但下来一做题，还是不会，这是为什么呢？

“懂”是一种主观，仅仅是“分得开”，是不可靠的，“会”才是客观，是“连得上”，就是把所分开的东西和自己已知的、熟悉的、应用过的东西连接起来。

因此，光讲清楚是不够的，还需要进一步发掘潜在因素，选择适当角度，启发其悟性认识，这叫“点醒”，这样才能帮助人从“懂”到“会”。

13

万病皆由心生

疾病，疾和病，有区别。

“疾”，病字头下面是一个“矢”，是指“外面射来的冷箭”，比如风寒感冒、“非典”、“新冠”，在人的身体里过一遍，然后就出去了，好了。

“病”，病字头下面一个“丙”字，“丙”在五行中属火，火对应的是心，心为君主之官，主不明则危，可以把它理解为“心火”，也就是不好的情绪，会导致人体的内在运行失衡，因此人就会生“病”。可以说，“万病皆由心生”。

14

一切答案在自己心里找

树上的鸟儿是不会害怕树枝断裂的，因为它相信的不是树枝，而是自己的翅膀。

向外求，是求不来的，只能向内求。凡事问心，问良知，一切答案在心里找，就一定会有办法，有创意。

15

要想改变一个人，就从态度上着手

我们很难直接改变一个人的动机，但可以对他的态度施加影响。态度，简单地讲，就是人心里容易感动的那个点。

态度是由价值观、个性、需要三个元素构成的。

我们说的“指导”或“改变”，实质就是对人的态度施加影响，即对其价值观、个性、需要进行正强化，当人的态度定向了，其外在条件一旦具备，他自己就会将态度转变为动机。

二、在细节上驾驭自己

所谓的驾驭自己，是指在细节上驾驭自己。

比如写字，笔尖流动处，即为自己的分寸，用意不用力，因为力气再大也是徒劳。

人心亦如此，风起于青蘋之末，浪成于微澜之间，动静进退，忽明忽暗。

1

微笑待人

唯有微笑，可以化解一切的困顿与拧巴；唯有微笑，才是人心与人心之间的桥，输送能量，温暖彼此。

微笑来自内心的柔和与慈悲。

每天心中开一朵莲花，呈现出来的，就是微笑。莲花是一位圣者，“唯有莲花不着水”，“花开莲现，花落莲成”……心中住着一朵莲花，面对自己、面对他人、面对这个世界时，是莲花在面对，而不是我们在面对。

2

说“谢谢”时，要具体化

说“谢谢”时，我们常常就说两个字，其实很虚，也没有诚意。

表达谢意时，可更具体化，并试着组织自己的语言，比如：“谢谢，远道而来辛苦您了。”“谢谢，您送的礼物正合我意。”等等。传递的含义是：“我没有忽视你，你是我的贵人。”

3

永远提前15分钟

开会，聚餐，下午茶，出门去坐高铁、乘飞机，永远提前15分钟，以虞待不虞者胜。

优雅的从容，体现在：永远提前15分钟。

4

不急于出结果

只问耕耘，不问结果，因为结果是问不来的，只能问耕耘。至于最后的结果怎样，都能接受，这样，每一步都很踏实、很投入，都有收获。

没有一件事情是可以一下子完成的，都需要一步一步来，每一步都做到位了，才能达到理想的境界。这就像吃饭，一口一口吃，才能吃饱。

人性的特点是“贪巧求速”，我们往往忽略了时间的价值，因此，要学会与时间交朋友，做时间喜欢的事情。

5

赞美人在细微处

赞美，是人性之光。光照之处，满目春晖。

赞美人在细微处，方显力道，方显价值，因此，我们需要拥有柔软的内心，才能从细节上体味到别人身上的真、善、美，并发自内心地去欣赏、赞美。

6

享受麻烦

人觉得“麻烦”的时候，就会开始厌恶、逃避，甚至推脱，这是人性的特点。

而有智慧的人，选择勇敢面对麻烦，并把它当作一种享受，实质是清晰与平静的内心在运行，这个过程是喜悦的。

王阳明讲“在事上磨”，就是在“麻烦”中磨掉自己内心的意、必、固、我，因此拓展了自己内心的边界。

7

迷失时，选择更艰辛的那一条路

艰辛时，人会更有紧张感，会更全神贯注，从而可以学到更多的东西，也就更容易成功。相反，选择轻松的那条路走，不紧张，也没有什么收获，人渐渐就平庸了。

“大道甚夷，而民好径”，大道就在眼前，但走的人很少，大多数人都设法走捷径，想弯道超车，这是人性的特征。拒绝平庸，就是和人性做斗争。

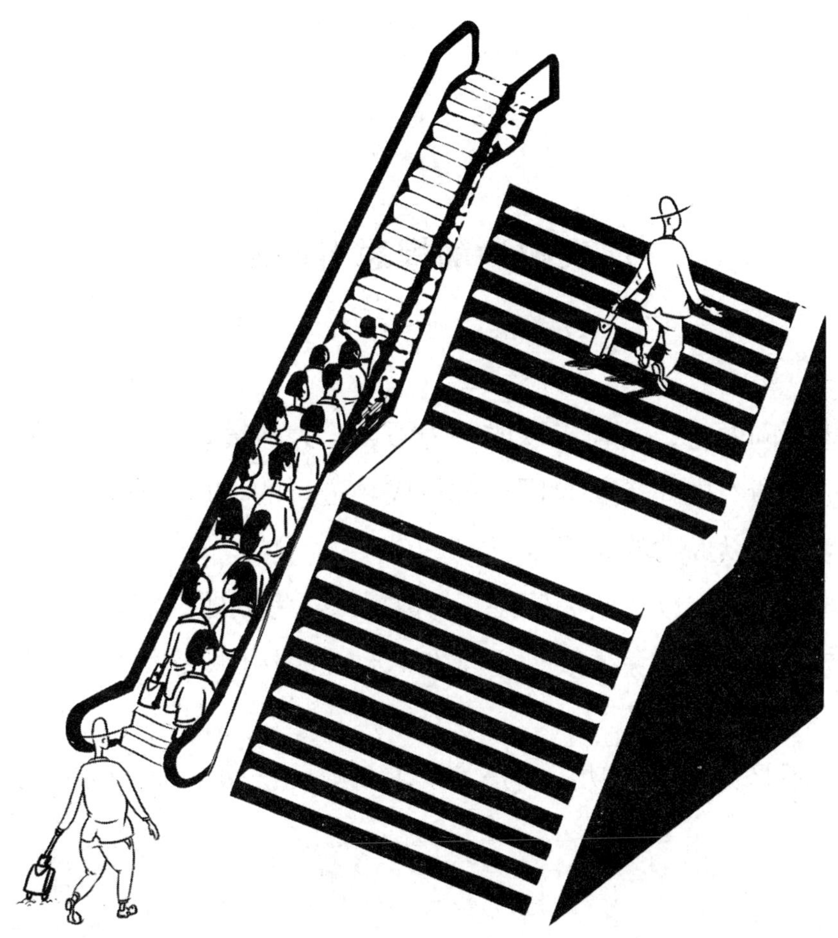

8

以失败为前提思考问题

我们思考问题时，习惯于以成功为假设、为前提，因为做一件事，是为了把它做成，所有的思考都是围绕如何成功进行的，这是很自然的。但，这正是大多数人难以成功的原因。

真正的智慧是，以失败为假设、为前提来思考问题，假定这件事会失败，一切的思考都是为了避免失败，这样才能永远立于不败之地，一旦时机成熟，一战而定天下。

人生，不是为了求成功，而是为了求不败，一辈子都不败，就是最大的成功。

9

学会认输

所谓成功，就是败得起，然后站起来。

人们喜欢说“永不服输”，不爱听坏消息，不愿意看见不利的真相，这是人性的局限。

其实，失败不可怕，可怕的是失败了不肯认输，未能及时止损，所以一个失败会接着一个失败，直至彻底失败。

学会认输，才可能拥有更大的赢。这是常识。

10

人往高处走，沿着阶梯走

任何的捷径都是骗人的。任何的抄小道、弯道超车、越级而上，迟早都会翻车或重来。

人往高处走，首先要清晰每一个阶梯目标的定位、标准、要求，然后一阶一道、一道一阶地踏实着地，才有可能遇见高处的理想的自己。

11

不要给自己建立完美“人设”

完美的“人设”，一点儿好处都没有，甚至非常危险，因为，所有的“人设”都是用来崩塌的。

降低别人对你的期待，你就安全了。圣人有“君子自污”的智慧，往自己身上沾染一点脏东西，以消弭傲慢与偏见给自己带来的内心虚弱，从而变得更皮实。

终极的解决方案是，任何时候都把自己放在“无”的位置上，即一无所知，一无所有，一无是处。这样，我们往前走，就再也没有阻力了，且，随着实力的日益增长，我们就可以活在别人想象之外。

12

培养认真的能力

过四十岁，如果有人用“认真”二字来评价一个人，那么，这一定是对这个人极高的评价了。

认真，有三个阶梯：

第一是“信认”，就是信这个“真”字。真就是诚，诚是天道，思诚是人道，认真才能实现天人合一。

第二是“体认”，就是把这个“真”字“活”出来，体悟到，别人一看到你，立即就知道你是这样的人：真人，真心，真本事。

第三是“确认”。认真不仅是一种心理倾向，更是一种能力。准确地说，认真是不断确认的能力，对做的每一件事情，对别人的每一个委托或承诺，需要反复确认，不厌其烦，这种能力是可以通过做事情练出来的。

当把“认真”二字放在中国文化空间里，我们就会发现，它是一个宝藏级的育人课题，博大精深。一个人如果将这个课题做深做透，自成理论与实践体系，那他是可以成为大师的。

13

永远让自己的实力大于名气

如果被别人低估了自己的实力，不是什么坏事，因为你前进的阻力就小了。

实力大于名气，人才能扎实、踏实、壮实；而名气大于实力，不仅前进的阻力会很大，而且很危险，爬得越高，摔得越狠。

“实胜于名”之义理，意味着，不虚荣，不侥幸，不贪婪，深藏不露却日益彰显。

14

主动找一点亏来吃

每天主动找一点亏来吃，填填肚子，以免第二天不小心占了别人的便宜。

那些嘴里讲“吃亏是福”“吃小亏占大便宜”的人，实际上是吃不了亏的，因为他们嘴里念叨着吃亏，是为了换来福、换来大便宜。

吃亏是为了安心。一点亏都吃不得的人，脸上都写着呢，他们是世上最不好玩的人，可以离得远一点。

15

学会带着问题往前走

问题之所以成为问题，是因为我们目前还没有能力解决它。

而且，我们消灭了一个问题，后果是必然会产生一个新的问题。我们不能做一个灭火队长，天天盯着问题过日子。

学会带着问题往前走，意味着在一定程度上允许问题的存在，问题反而会在往前走的过程中慢慢得以消解。

三、自己活好了，才有能力爱别人

某种程度上，人都是孤独的，比如刷牙、喝水、吃饭，别人就帮不上忙。

自己活好了，活出一份宁静、温暖、亲切、清晰、坚定，才有能力爱别人。

自己都活得稀里糊涂，爱人、爱孩子，就是一句空话，因为你拿不出什么好的东西给别人营养。

1

每天打起精神来，给别人照明

有智慧的人，不断给自己提神，即便身处痛苦与无奈之中，也要提炼出一种精神来，给别人照明，让所有人活在对未来的希望之中。

整天叹气或抱怨，那个“叹气”和“抱怨”实质就是“丧气”。

时时刻刻提醒自己，要打起精神来，始终保持自己内心的明亮与清晰。

2

养护好自己的精神长相

人的精神长相，与地位、年龄、性别无关，与一个人的内心秩序有关。内在世界是平静的、清晰的、紧致的、细腻的、丰富的，就会显得“容止可观”，让人感觉到其身上的美与静以及灵魂的香气，走近他（她），人就会心生欢喜。

《礼记》有言：有深爱者，必有和气；有和气者，必有愉色；有愉色者，必有婉容。

可见，“婉容”的发生，从深爱到和气再到愉色，一层层向外释放。

反之，心想的是这个世界大家都欠我的，没有一丝的仁慈、感恩、敬畏、包容，脸上写的定是“冷漠”甚至“狰狞”，实在不耐看、不忍看。

相由心生。看相主要是看精神长相。婉容者，必有大的福报；狰狞者，步步都是凶险。

3

活出一种气度来

人活着，就是要活出一种气度。

人有了气度，别人看你一眼，就被你震慑住了。

人有了气度，即使坐在毫不起眼的角落，身上也自带光芒，有着掩不住的从容与自在。

气度是由一个人的文化底蕴、内心高度、审美境界、德行厚度以及独到的眼光构成的。

一个有气度的人，身上释放出来的是：厚重、温暖、真诚、亲切。这时，不需要语言，一下子就把一切都震慑住了，化解掉了。

4

养出一身的正气

孟子云：“我善养吾浩然之气。”

正气足、阳气足的人，他的灵魂是有香味的，走到哪里，大家都乐于亲近他、照顾他、托举他。

正气养出来了，邪气就很难进来，正如中医里讲的“扶正祛邪”。有人开玩笑说，正气足的人，即使不用打疫苗，病毒也很难感染他。不无道理。

刘再复先生曾经讲过一个养正气的方法：早上起来，对着太阳读经典，让阳光混合着圣哲先贤的智慧，一起进入人的血液里，身体里的阳气、正气便生长出来了。这是一个让人很享受的过程。

5

把自己活成一件艺术品

孔子、老子、庄子、柏拉图、苏格拉底等圣哲先贤，他们把自己活成了一件艺术品，他们以自己的行为和言谈打造了一种人格，一种价值，然后传承后世。

一个人修养、修行、修炼的最高境界是活出来。成为最美的人，温暖，亲切，真诚，有趣，让人觉得和你在一起很舒服。

把自己活成一件艺术品的三字真经：真、精、稀。

真，就是绝对的真、绝对的诚，真人真心真本事，这是人品之首要。就像我们买艺术品，都是需要百分之百的肯定、绝真无疑才会下手，若只能看清九成，宁可错过，都不会出手，因为伪的、仿造的东西会让人不安，至真至诚的东西则可让人心静。

精，就是精准之果实、同类中之逸者，必定人见人爱。此为人品之美好。

就像艺术品，即使同一位大师的作品，也有上品、普品之分。上品，赏品也，唯有上品，才值得与之朝夕相处甚至一生相伴。

稀，万物均因稀而贵。稀者，人一见，心就打开了、敞亮了。人品因稀而高贵者，即使坐在不起眼的角落里，照样熠熠生辉。比如，普通的石头存在也有几十万年了，但不会有人去注意，唯有因稀而贵的玉石才会被人捡起，视之为宝；再如，几千年来，书画作品汗牛充栋，大多数都被遗忘在岁月的长河里，只有因稀而贵的大师之作品，才可能传承下来，至今仍然在滋养我们，还将传承下去。

6

干干净净迎接每一天

苟日新，日日新，又日新。生命之所以能发展，是因为每天坚持自我更新。

起点就是养成“干干净净迎接每一天”的好习惯。每天早上“清扫”一遍自己，洁面，洗头发，检查指甲，换干净衣裳与袜子。

洁净比时髦重要，保持自身的清爽与精神比洒扫庭院重要。你看那些层次高的人，每天见他，都是清清爽爽，干净利索。

7

服装表达着对别人的敬意

着衣简净、优雅且具有质感，不仅使自己显得庄重，也意味着对所遇见的人怀有敬意。

着衣和吃饭，是在生活中表达、发明义理的两个关键点。

8

两周剪一次头发

坚持两周剪一次头发，是为了整理自己的精神妆容。

头发不是等长了再剪，而是长之前就剪，这个习惯让人受益良多。

德，是道之容，呈现出来的是人的精神妆容与精神长相。

9

每天锻炼身体一小时

适当的运动让人身体壮实、精神向上。之所以讲“适当”二字，是因为运动方式、时间长短因人而异，养成习惯就好了。

每天坚持锻炼身体一小时，另外一个重大的意义是促进睡眠、提升智力。如果睡眠质量不高，大脑里每天产生的杂念与垃圾物质，就无法通过血液排出去，就会导致头脑昏沉模糊甚至胡思乱想，实质是智力下降，长期如此，危害很大。

青少年如果从小养成“每天锻炼身体一小时”的习惯，那么就会终生享用不尽它的利息。

10

保持指尖的清洁

与人握手，与人喝茶、吃饭，平时与人相处，最重要的工具是手，而手集中反映了一个人的精神面貌与内在涵养。

比如，看一个人内心是否细腻、可爱，看他的指尖就知道了。

所以，保持手指的洁净，定时修剪指甲，经常用护手霜保养，比其他的美容重要。

11

坚持早上沐浴，保持清爽

坚持每天早上起床或出门前先沐浴，保持清爽。

沐浴，会把乱发、睡觉出的汗和体臭以及昏昏沉沉的刚起床的感觉冲洗掉，不把倦容与慵懒带给你面对的人。更重要的是，利用沐浴的时间，整理一下思路，今天要讲什么、做什么。

12

自己的事情自己做

“求己”，是中国文化一个重要的特征，即“行有不得，反求诸己”，意思是，凡事问心、问良知，遇到问题一律在自己身上找原因、找答案。

化为日常，就是从小处着手，培养“自己的事情自己做”这个“伟大”的习惯。

13

用过的东西放回原处

人与物，人与人，人与自己，这三对关系处理好了、理顺了，就是我们说的“入世”，而留出来的空间，就是“出世”。

比如，处理好人与物的关系，用过的东西放回原处，让物各归其位，人的内心秩序也因此得以建立，一切都是那么有序。

14

认真写字

写字，是指尖的舞蹈，是心的细化、优化、美化的过程。练字，本质上是练心，是自我发现与自我创造。

每一个汉字，都隐藏着中国文化的密码，因此，写字，实际上是在打通人的内心与中国文化之间的联结，写字的过程，也就是接受文化的滋养的过程。

认真写字。“认真”本身不仅仅是一种态度，更是可以训练的能力。训练认真的能力的最佳方法是：写字或抄写。

15
做事情有计划、有目标

有一个著名的课题研究的结论：世界上80%的财富掌握在20%的人手里，而这20%的人，都有一个共同的习惯，即“做事情有计划、有目标”。

有计划、有目标，意味着有较强的时间投资的意识，随时确认今天的目标、一周的目标、本月的目标、三个月的目标等。

四、培养大的人格

人格是人内在的、稳定的精神结构，一般由世界观、人生观、价值观组成。

人格有大有小，就像一座房子，大的房子，结构高大，视野开阔，亮堂透光，就像宫殿，任何人走进去，因殿大，人会显很小，可能马上心生敬畏。人有了敬畏心，一切就好办了。

大人格的人，为苍生济，为万世开太平，言行有边界、有分寸，专注于自己该做的事情；小人格的人，只考虑自己想要得到什么，有利于自己的就是好，不利于自己的就是不好，天天骂政府、抱怨社会，或者干脆瞎起哄，唯恐天下不乱。

真正的精英，是有大的人格的，他们代表着方向、希望与光明。当下，伪装成精英的人很多，但，再怎么掩饰，也掩饰不了他们精神结构上的狭小与破败。

教育的核心任务是培养具有大的人格的人。

1

打通天与人之间的连接

道，是天道，是道理，是规律。

德，是“得”，是人通过道理和规律的实践之后有所得。

道，通过人的德得以彰显；而德，来自道的启迪，因而成为人赖以生存的力量源泉。道与德，是一体的，谁也离不开谁。

有德之人，每天活在德中，依礼而行，就不会拧巴，也不会难受，一切都会很顺利、顺畅，该怎样就怎样，因为，这时天与人之间是打通的，人能接收到天地间的能量，正所谓“天人合一”。

2

没有敬畏心的人，谁也救不了他

佛不渡无缘之人，天不佑无根之草。这里的“缘”和“根”，就是人的敬畏心。

有敬畏心的人，才能得到高于自己的人的托举，他因此能不断获得前行的力量。

比如，你一讲孔孟、老庄、程朱、陆王，他就犯困或者茫然，就是因为他的敬畏心还没有达到能和圣贤对接的高度。

缺乏敬畏心的人，你给他最好的东西，他也接不住。谁也救不了他。

3
涵养自己

人的涵养的逐渐生成，莫过于：以虚养心，以德养身，以仁养天下万物，以道养天下万世。

以虚养心——永远心怀谦卑，始终把自己放在一个虚空的位置上，知道自己的无知、局限，所以赶紧向遇见的每一个人学习。

以德养身——心归于德，明德不危。待人接物的过程就是积累自己德行的过程。德，往小了说，就是礼，始终让别人活在自己的礼敬中。

以仁养天下万物——仁爱，就像太阳光，平等普遍，谁都照顾到，不嫌弃任何人。

以道养天下万世——朝闻道，夕死可矣。人最为金贵的是向道之心，人所经历的一切都只是过程，其最终目的是获得智慧。比如，教育孩子，目的不单纯是看孩子怎样成长，更是为了使其获得智慧。

涵养是一个名词，也是一个动词。人生会得到很多东西，有磨难，也有喜悦，涵养住了是幸福，涵养不住则是麻烦和负担。

4 成为一个有光的人

人心之贵，贵在透亮、有光。一切都在光照之下，没有对抗，也没有纠结。因为内心有光，还能透视表象背后隐藏的美好与秩序。

透亮、有光，来自明德，即“明明德”。

明德者，“知己无知”。知道自己是谁，该站在哪个角色里说话；知道自己知道得不多，所以始终谦卑向下、时时向人学习。

明德者，“无我”。镜子上写满了“我”，我们的视线就模糊了。

明德者，“行有不得，反求诸己”。一切遭遇都在自己身上找原因。

明德者，“居仁由义”。所有的事情按原则、义理办，该怎样就怎样，且大家都知道他的原则、义理。

5

改变自己的目光

人最值钱的是目光。教育最重要的任务之一，不是传授学识、技术，而是改变人的目光。

首先是发现自己的目光。人的一生中，最重要的任务是发现自己、觉察自己，通过外在的介质反观自己，清晰自己身上无与伦比的优势和长处，进而看见自己的思维模式、认知维度与心理结构，知道自己心安何处、魂栖所在，逐渐归位、定位。

其次是发现美、发现价值的目光。这就像地质勘探，在无序、混沌之中，找到金矿铜矿；也像是老鹰，在高空盘旋，风吹草动，似有似无，一下子能洞见草丛中的野兔。

再次是发现前行方向的目光。有路可走的时候，把每一步路走好，专注于当下；无路可走的时候，则需要寻找门路，寻找内心的去向。很多人跋涉了很多年也举棋不定，有一天碰到一句话、一位明师，一下子豁然开朗，终于知道自己要到哪里去、怎么去。当然，人终极的方向与出路是大道，人的目光盯着它，才能反观自性，进而服膺于内心的去向。所以说，向道之心，比金子贵。

鼠目寸光，讲的是一个人目光的短浅。短，看不远；浅，停留表面上难以深入挖掘自己。然而短浅问题归根结底是战略问题，而不是眼力的问题。

6

增强调理心思和心情的能力

调理，是中医的核心方法论。调，调节五脏六腑，提高人体自身的生理机能以及免疫功能；理，清理体内垃圾毒素，打通经络，排除体内风湿寒毒，理顺系统关系。

调理是在上游清理垃圾，上游清，下游的水才能清。治疗是在下游捞垃圾，垃圾是永远捞不完的。

对于教育的启迪是，教育很重要的一个任务是培养人极强的调理心思和心情的能力。大教育家往往在这里着力。

心思怕乱。当一个人的定位、角色、身份、所处的场合和他的状态对不上，心思就会乱；一个人心思乱了，做任何事情的动作都是机械的，和动物无异。

心情怕散。心情散了，人容易犯困，然后生发出懒惰、怠慢；心情不散，就像平静的湖面，能托着任何一片落叶。心情平静，看一切都那么美好，这时学习、做事才能在细节上驾驭住自己，才能唯精唯一，止于至善。

明道先生讲："万物静观皆自得，四时佳兴与人同。"这是儒家关于修道与调理的要义。

7

管理好自己的好恶

人是有理性的，但归根结底是感性的，因此，人就会有好恶。而管理好自己的好恶，就是一种功课。

朱熹讲“存天理、灭人欲”。什么是天理？什么是人欲？举个例子，吃饭是天理，但想吃好的、海吃海喝直到把身体弄坏了，就是人欲。

天理是不舒适的，人欲是舒适的。所谓的修，就是把自己从舒适区修到不舒适区，修到最后，随心所欲不逾矩，舒适区与不舒适区就重合了，不纠结了。这个过程是非常艰难的，就像每天早起，总是起不了床，因为舒适的被窝总是抱着你，舍不得放你离开。可是，在被窝里的人，永远不会得到早起面对晨曦、呼吸大地正气阳气的幸福。

8

道德是自己的事，不便与外人言

拿着道德说事的人，在他那里，道德已经不再是道德，而是杀人凶器。鲁迅就说过道德杀人的警世之言。

事实上，道德是存于心的，是自己的事，是内心的一种坚持与守望，只可以用来律己，不可以用来责人，就像短裤，是不可以轻易示人的。

在什么时候沉淀自己的德行厚度？

每天的待人接物之时，是否依礼而行、心里始终装有别人？

自己痛苦时，是否依然能以轻松的心情微笑着面对这个世界？

被人误解、曲解甚至诬蔑时，是否依然“志于道，据于德，依于仁，游于艺”？

9

不惑，不忧，不惧

智者不惑。心如明镜则不惑。但人之心镜常会被私欲和气禀所模糊，因此，“时时勤拂拭，莫使有尘埃”，事物之来，无不洞达分明，即使巧诈疑难，也炫乱他不得，何惑之有？

仁者不忧。我们的忧虑、焦虑比疑惑还多。忧什么呢？不是忧天下之忧，而是忧自己、忧自己的得失、忧将来而已。

勇者不惧。人之恐惧者，因正气不足、道义不足。勇者，善养正气，至大至刚，浩然塞于天地，故能执守原则，遇事奋发敢为、当行则行、当止则止，居仁由义，无丝毫恐惧。

10

每天保持精神上的挺拔

精神，是高于现实的。活在世俗中，人很容易疲惫；只有活在精神里，人才能保持青春与激情，与年龄无关。

没有精神的主导，我们很容易沉溺于现实的比较、是非、对错、得失之中。

没有精神的主导，我们的情绪往往是低落与散漫的；只有在精神的主导下，它才会转化为向上的动力或生命的热情。

没有精神的主导，我们的欲望就会肆意释放直到无法收拾的地步；只有在精神的主导下，欲望才能归位并适度运行，成为我们前进的动力。

因此，每天无精打采，忙乱无序，是因为缺少了一种挺拔的精神。

孔子一生用“忠”和“恕”两个字作为自己的精神，“吾道一以贯之”。面对痛苦与困难甚至危险时，他依然保持温、良、恭、俭、让，依然笑着对人，一切都在“忠”与“恕”主导下运行。直到今天，我们还生活在他的精神光照下。

11

与优秀的人待在一起

优秀的人就像一团光芒，和他们待久了，就再也不想走回黑暗了。

近朱者赤，近墨者黑。与优秀的人待在一起，并不是让你去听课，也不是让你去请教，而是让你和他一起玩。林语堂先生曾经讲，他最好的学生，不是听他课的人，而是和他一起抽雪茄或一起做木工的人。

12

能充分调动美感的人，必定才华横溢

才华是产生灵感和直觉的土壤，它并非天生，是后天可以训练出来的。

训练人的才华，着眼点是不断储蓄美的经验，从而形成敏锐的、强烈的、灵动的美感。

美感，就是人们对客观现实中美的主观感受，是一种知觉能力，一种独特的主观心理体验。

能充分调动美感的人，必定才华横溢。

13

入肚肠的东西，要认真选择

人的肚肠是由其所食用的东西决定的，吃什么样的东西就会有什么样的肚肠。

食物通常有三种属性：一是善良属性。平静，干净，平衡，食之增长智慧，健康，愉悦，比如谷类、蔬菜、水果等；二是激情属性，积极，热情，刺激，会刺激身体系统，比如烈酒、咖啡等；三是愚昧属性，混浊，迟钝，惰性，食之让人心灵迟钝和忧郁，比如在冰箱中放置超过一个月的肉类等。

平时喝的茶、饮的酒以及读的书，都需要严格选择，宁缺毋滥，宁少毋多，宁平毋俗。如果常年入肚肠的是粗俗、肤浅、败坏的东西，是不是日久天长就会养出坏心肠？一个人的心肠坏了，还能做什么？

孔子讲，“食不厌精，脍不厌细”，这并非挑剔，而是对自己的心肠负责。

14

一事精致，便能动人

《南村辍耕录》中讲南宋一官员，想找个小妾，找来找去没有可心的，后来有人给他带来一位叫奚奴的姑娘，人漂亮，问会干什么，回答是会温酒。周围的人都笑，这位官员倒是没笑，就请她温酒试试，温的酒果然恰当精致，入口即入心。公喜，遂纳焉。这位官员终身都带着她，处处适意，死后把家产也给了她。

在别人不注意甚至不屑的细处微处，唯精唯一，心无旁骛地做到极致，确实是一门超凡入圣之功夫。

15

人的神性的一面，是被逼出来的

人的神性的一面，懒惰逼不出来，无聊也逼不出来，只有在面对极限的困难与痛苦时才能逼它出来。

自古以来，凡是真正的大师，都是穿越了“时间之窗”的，他神性的一面都是被逼出来的。

任何事物在其发展过程中，都会因为内部矛盾的积累和外部情势的变化而不断出现变革的要求，这种内外交迫的压力可能会导致出现一个“时间之窗”，人的命运，往往与这个“时间之窗”有关。是一跃而过，进入自由王国，还是踟蹰不前，长期陷于庸碌忙乱的苟且之中？不同的选择，不同的命运。

3

五、不活在别人的眼光与词语里

一位文化名人说，我根本不想影响人，我只想做到不被人影响。

觉悟了的人，不会活在别人的眼光与词语里，而是活在自己的光芒里。

觉悟了的人，不企求所有人都理解你。如果所有人都能理解你，你得多俗啊。

觉悟了的人，做该做的事情，而不是做能做的事情。

觉悟了的人，把自己说了算的事情做到100分，自己说了不算的事情先挂在墙上。

1

拥有一个有香味的灵魂

安徒生的童话《海的女儿》中，老祖母告诉小美人鱼，人的生命虽然短暂，但人是有灵魂的，死后会升入天空，在天国里永存。而我们人鱼，虽然有三百年的寿命，死后却只能化成海上的泡沫，再也看不到天上的太阳了。

人之珍贵，是在这副好看或不好看的皮囊里，藏着一个有趣的、有香味的灵魂。

这个灵魂在人死后，依然在照顾别人，依然有人因你而受益，依然有人怀念。因此，活着的时候，要想的是：当我们的这副皮囊老去或者消失之后，我们能给这个世界留下一点什么呢？

2

守住常识，守住最终目的

知道和做到之间，隔了一个“守”字。

首先是守住常识，不断回归常识，永远不离开常识。比如，有一个关键的常识是：物有本末，事有终始，知所先后，则近道矣。

其次是守住最终目的，一切为最终目的服务，永远不离开最终目的。比如，有一个关键的最终目的：活着，就要努力为社会做出贡献，尽可能为后世留下一些有价值的东西。

3

学会面对

所有的发生，都是我们生命的组成部分。须臾不可或缺。

逃避它，会让我们乏力、无奈，甚至会成为心理上的负担。

面对它，也就放下了。所谓面对，就是尽可能把问题摆在桌面上，或许我们目前尚没有能力解决它，但只要正视它，渐渐就能弄清问题的因果以及问题发生和演变的过程，从而找到解题的密钥。

4

在事上磨

懂得了很多道理，依然过不好这一生。因为只是“懂得了”，却没有将这个道理“活”出来。

王阳明提出“在事上磨炼”，这是实现“知行合一”最伟大的方法。就是：知道并深信了一个道理或者某句圣人之言，遇到事时，对照之，切己体察之，渐渐就化入了自己的血液里，成为自己的神经软件，下次再遇同样的事情，它会自动弹出，引导你做出判断与选择。

在事上磨。什么是“事”？就是让你伤心、难过、揪心、痛苦的一切人与事。

5

被批评是成功者的特权

如果别人批评对了，马上大大方方改正，就像日食月食一样，改正了，大家依然仰望你。就怕死不认错，那样，就不会进步。

如果别人批评错了，至少给我们提供了一个思考问题的新的角度。

被批评是成功者的特权。成功者身上一点点过错或瑕疵，也很容易被放大，这是成功的成本，一切的发展进步不可能没有成本。一个人越成功，人们对他的德行的要求自然就越高，这是常识。

6

保持清净

赵朴初老人诗云：日沐清净水，日着清净衣，内外俱清净，浊世愿毋离。

清净，“清”是放下，化有为无，就像是用流水洗苹果，洗去沾染的一些污垢；“净”是看开，就是拓宽视野、打通心路，把近处的困惑或麻烦挪到足够远的地方去看，同时看平人与人之间的差异，从此一路欢歌笑语。

只有每天保持内外的清净，才能生发慈悲心，才能对自己好一些，对这个世界好一些。

7

学会专注

大作家贾平凹讲，他的每一部长篇小说，至少写三遍，第一遍写在本子上，然后再改抄一遍，最后再改写第三遍。

选择是心的去向，而专注是心的归宿。把散漫的心集中起来，放在一件事情上，神都会来助他。

8

端庄厚重，谦卑含容

端庄厚重——举止有度，言行有分寸，就像一本厚重的书，封面整洁庄严，内容具有可读性。

谦卑含容——知道自己知道得不多，所以谦卑向下、虚心向人学习，同时又大度慷慨，乐于成就别人。

此为贵相。

9

事有归著，心存济物

事有归著——做事情，只要经手，必付出100%的精力，且有头有尾，每一步均脚踏实地，有过程评价，有综合总结，做一个值得别人托付的人。

心存济物——心里装得下更多的人，凡事在宽处着手，留有余地，不给别人挡道，同时，尽己之心去帮助别人，做一个把人带到开阔的地方的人。

此为富相。

10

知道了答案，就奔着答案去

只要问题是正确的，到处都是答案，这是“致良知”的真正含义。

教育的问题，在世俗的空间里，往往是没有答案的、无解的，真正的答案在精神的高远处，更在自己的内心里，所以凡事需要问心、问良知，遇到问题一律在自己身上找原因、找答案。

如果知道了答案，就不要兜圈子、不要绕弯、不要找借口，奔着答案去，这叫“至诚”。至诚则如神，因为你至诚无息、尽己之心，所以就一定会有办法、有创意，因为此时神都会来帮助你。

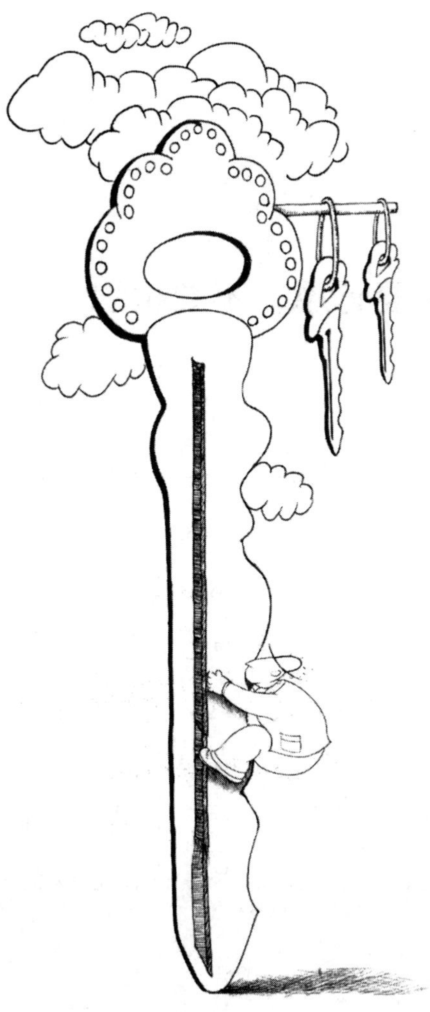

11

要感恩，不要报恩

感恩，是“体会到别人的不容易”。当一个人活在感恩的世界里，所见均感人、美好。相反，总是看见别人亏欠自己，总是看见自己的损失，时间长了，会长出一副讨债的脸，照镜子自己都不喜欢。

报恩，是受了别人的恩，成天想着怎么回报，本质上还是一种利益交换。别人对你的好、对你的恩，你未必还得起，因此，你要用一颗感恩的心去对社会、对所有人，把“恩”扩充放大、传递出去。

进一步说，人家帮你，是因为你值得帮，那么，你有能力时，你也要去帮别人。当你帮别人时，也不图回报，求仁得仁，以德报德。

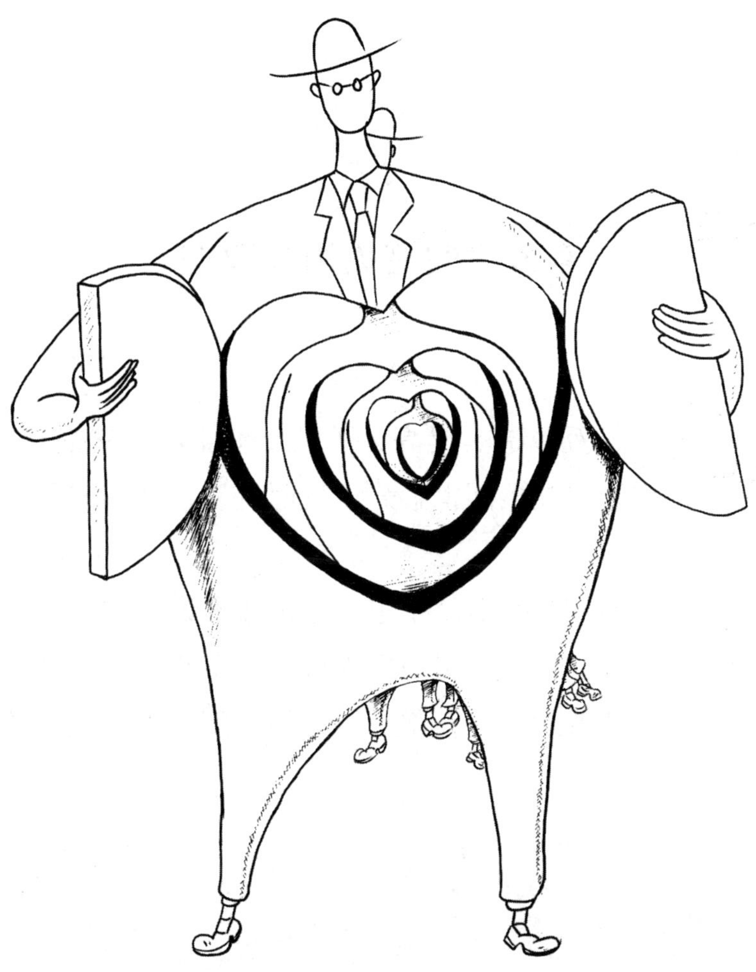

12 家人之间避免相互改造

朋友之间，贵在相互改造、提高，所以要交益友不交损友。所谓益友，三个条件：友直，友谅，友多闻，就是正直而直言，诚实守信，有广博的知识且有见地。

家人之间，却不能相互改造。家里，是讲情不讲理的。家人之间之所以会吵架，是因为有一个人讲理，另一个人讲情，牛头不对马嘴，自然就会出现冲突。其实，凡是情感的学问，都是示弱的学问，不是说服谁、改造谁的学问。

13

不怨不尤

我们平时的恩怨，起因无外乎两种，一是感情纠葛，二是利益之争。没有什么深仇大恨。真明白了，也就放下了。

关于感情纠葛。别怨，人都是孤独的，自己靠自己活，自己活好了，才有能力爱别人，用爱育爱，这里是有先有后的。

关于利益之争。别怨，就看你是否强大，强大的人，不怕别人占自己的便宜，就怕不小心占了别人的便宜，你不厌我就行，我怎么会怨你呢。

人有怨有尤时，所有的决策可能都是错误的。如果对别人零期待，所有的发生，都是顺其自然，无求无不求。

14

不因别人不了解自己而郁闷

人的痛苦，往往是因为别人不了解自己，我这么优秀，却没人知道，上级不知道，朋友不知道，客户不知道，郁闷啊。

其实，凡是为别人不了解自己而郁闷的人，他一定不屑于了解别人。如果能多去了解别人，理解别人，体谅别人，那他就不会因为自己不被了解而郁闷了。

真正要忧虑的是，自己的实力还不够。如果真有学问，真有本事，用之则行，舍之则藏，何虑之有？

“不患人之不己知，患不知人也。”这是孔子的人生忠告。

15

行礼只是为了定位自己

对别人鞠躬行礼时，看见的是自己的脚，所谓“知足”是也，也就是知道自己立足何处、知道自己站在什么位置上说话。

关于定位自己，比如，定位自己是学生，就该是学生的样子，对老师行礼，就是在老师的托举与勉励之中成长；如果定位自己是后生晚辈，就该是后生晚辈的样子，对长辈行礼，就是在长辈的祝福里坚定地走向未来。

礼，是用来“行”的，不行未必成礼。而对别人行礼，实质是成全自己。很多学校的孩子养成了见到师长鞠躬行礼的习惯，这是很可贵的。

六、把心安住在当下

安心，是一种能力，就是把心安住在当下、安住在手头的事情上的能力。

安心，是因为：

一、无我即安心。无我就是不断缩小自我，缩小到比灰尘还小，即使嵌在别人眼里也不会让人不舒服，以至于人人都能接受你，你和谁也不对抗。事实上，任何时候我们要知道的是：我们并没有想象中那么重要。

二、接受即安心。包括接受自己，接受他人，接受失败。接受，是筑底，是建立精神上的护城河。有了接受这个底线思维，再往上努力，哪怕往上走一点点，都是幸福的、安心的。

1

静不下来，是因为心不正

静不下来，是因为心不正，实质是私心和杂念在作怪。

正心，本身就是调理心思、提升认知维度的过程：

一、始终知道自己是谁、是做什么的、能吃几碗饭，并且知道自己知道得不多，所以第一要务是向人学习。而一旦走出自己的角色说话、做事，心就不正了、乱了。

二、始终知道自己的能力是有局限的，把自己说了算的事情做到极致，自己说了不算的事情，先挪到远远的地方。而一旦傲慢、狂妄或不自量力，心就不正了。

三、始终知道没有一件事情是可以一下子实现的，都需要一步一步地走，只有让每一步都走得扎实、务实、踏实，才能慢慢地到达目的地。想一口吃成个大胖子、一蹴而就，心就不正了。

正心的功夫，就是守的功夫，守住良知良能，守住常识。守住了，心就正了，人也就能静下来。

2

一切都有因缘

中国文化中，儒、释、道均在强调因缘，因缘贯通一切，表达不同而已。

因是近，缘是远，近悦远来。

因是必然，种瓜得瓜，种豆得豆；缘是偶然，偶然中藏着必然。缘由因定，“缘”看起来不可捉摸，实际上是“因”在左右控制。

因是纵向的，缘是横向的，两者相互交织、转化、沉淀，形成人生的基本面。

不敬因果，不知近悦远来之常识，是为下愚。

3

涵养住自己的定力

天下第一要事就是这一个“定”字。天有定理，人有定位，志有定向，胸有定见。

其核心是形成定力。

人的定力来源于天地，也就是大宇宙。天地之道，山川河岳，草木生灵，都没有自我，它们都按照宇宙规律生长运动，因诚而有物。而人是一个有自我意识、有私心的小宇宙。人如果能无我，能放下私心私欲，就能连通大宇宙，进而源源不断地接入大宇宙的能量，从而涵养住人的定力。

一切都在变，“定其心应天下之变”，有了定力，定住了自己的心，才能应对一切变。

4

要自省，不要自责

自省，就是复盘，在省察中存养，在存养中省察，想的是“下次遇见同样的事我是否可以处理得更智慧一些”。

自责，其实是一种病。自责，就是不能接受自己，生活在懊悔的黑洞里，再也爬不出来了，像祥林嫂那样的自我封闭与无可奈何。

有智慧的人，允许自己在一定程度上犯一点错，就像日食月食那样，只要大大方方及时改过，大家依然会仰望你。

5

内方，才能外圆

“内方外圆”的意思是一个人内心里有自己的坚守，对外则不会和人、社会有冲突，能圆能缓，自处安然。

坚守什么呢？就是义理。义理是中国文化沉淀几千年后的结晶，活着，就是循理而行，就是表达义理、发明义理，一切按义理来办，该怎样就怎样，这样就不纠结了。

我们曾经做过一个课程《打通》，108课，实际上就是从儒、释、道经典中提炼出了108条义理，在事上磨，反复磨，把这些义理化入我们的血液里、骨骼里，我们的所言所行，也就自动化地符合了义理，不需要通过大脑思考，这就叫内心里有“方”，对外自然就“圆”，和谁也不对抗、不冲突。

反之，对义理茫然无知，所言所行必然磕磕绊绊，甚至到处冲突，以致头破血流。

我们看一个人，不管从世俗的角度看他多么成功，如果他心中无“方”，对义理一无所知，那么，尽管他读了什么名牌大学，只要他一开口说话，一做事情，我们就会觉得他是那么可笑，甚至可怜。

这里的“方”，与中医里的“方”意思非常接近。高水平的医生，只开方，不给药，意思是只给义理，药，每个人身上都有。

6

守时守信，言行一致，知行合一

诚信，就是你诚我信或我诚你信。

诚信的三个层次：一是守时守信，二是言行一致，三是知行合一。

对于诚信的重要性，我们都知道，但为什么难以活出来？是因为没有把“诚信”这两个字供在头上。

而“知行合一”是一辈子的事情，实际上是养成好习惯：

一是任何时候都知道自己是谁。

二是任何时候都知道自己没有想象中那么重要。

三是任何时候都知道自己在做什么、在说什么。

7

心思散乱时，不做决定

在心思散乱时，不做决定，等自己的心神定住了再说。

散，就是心情上散漫，注意力不集中，这时人容易犯困；乱，就是自己的角色定位与所处环境不统一、不配套，导致心神游离，揪心，不安心。

8

不必过分关注变化和新生事物

追新逐异，是人性的特点。

有人说，现在是人工智能时代了，老的旧的已经过时了。这时我们可以反问一句，对老的旧的，你真的就精通了吗？

变化是永恒的，但变化这个东西，它老变来变去，我们其实关注不了，等它什么时候不变了，再关注也来得及。对新生事物也是如此，关注太多就是浪费时间。

9

青春是一种状态

青春一定不是年龄，而是一种向上的生命状态。

一、立志向。立志，任何时候都不晚，越是中年老年越需要立志。持志如心痛，一心在痛上，其他顾不上。没有一生为之奋斗的志向了，心力立即就被卸载了，三天不见，渐见衰老。

二、坚持自我更新。蛇蜕皮，知了蜕壳，是外在的，人的自我更新是内在的，即每天坚持学习并有所得，因此心生喜悦，这种喜悦沉淀下来，就是身上的静气。中年油腻，是因为不再学习，实质上是停止自我更新了，所作所为只是机械地重复。

三、敢为。心地无私时的敢为、果决，是朝气蓬勃的象征，允许在一定程度上犯一些错，学会带着问题往前走，只问耕耘，不问收获，走着走着，花就开了。

四、热情。一个人的生命里有了热情，他身上会有光，别人看他，看到的都是优点，反之，一个人如果是黯淡的、情绪低落的，人们看他就全是缺点。一个人只有在极具热情的状态下，才能把一件事情做到底、做到极致。

五、积累。没有一件事情是可以一下子完成的，都需要一步一步地才能实现。日拱一卒，日日不断，才是王道，才是青春的本色。任何时候，下一个大的决心，找准一件事情，从零开始积累，都来得及。

10

把一件事情做到底

少做，才能做好。而把做了的每一件事情做到底、做到极致，是有智慧的人的共性。

行动的哲学，是人类最高的哲学，即立即做，大胆做，做到底，从小事做起，从我做起。

11

含笑待人

含笑，就是含着微笑。人什么时候最美？含笑最美。

含笑，就像每天心中开一朵莲花，面对别人时，其实是这朵莲花在面对。一切的困顿、争执、喧嚣，都被它化掉了。

含笑的背后是一个人良好的生命状态——宁静的自信，平静的接受，喜悦的参与，优雅的从容，深远的辽阔。

教育就是让孩子发现并释放自身应有的美，极致的美就是——每天心中开一朵莲花，含笑面对这个世界。从此，无论他（她）走到哪里，都可以美化周边世界，从而赢得更多高于他们的人的关注与托举。

莲花真是一位圣者呢，它行走在世俗的、复杂的淤泥中，但却“不着水”，不蔓不枝，冰清玉洁，始终含笑伫立。人是莲的学生。

12

吾性自足，不假外求

树上的鸟儿是不会害怕树枝断裂的，因为它相信的不是树枝，而是自己的翅膀。这句话的意思是：吾性自足，不假外求，无枝可依，方为自由。

习惯向外求的人，遇到一点事情，马上想到求别人、找关系、利用资源，其实，这是一种推卸，是自己角色的缺位。陷进这种思维误区的人，一般很难走出来，他不知道的是，他一辈子都在乞讨。

从向外求转为向内求，是另外一种精神生活的高级，是很多人没有到过的自由境界，即无求，无不求。

13

沉得住气

人和人之间，比的不是力气大小、财富多少、地位贵贱，比的是谁能沉得住气。

什么叫沉得住气？就是面对困难时表现淡然，气沉丹田。但，这并不容易做到。人们总是很难收敛住自己，总是心浮气躁，止不住气喘和心动。

先贤云：有才而性缓，定属大才；有智而气和，斯为大智。

沉住气，在实践上就是：

一是锐气藏于胸。藏锋于钝，藏辩于讷，才能气血精足而生智慧。

二是和气浮于面。有深爱者必有和气，有和气者必有愉色，有愉色者必有婉容。心怀慈悲，尊重遇见的每一个人，他们将为你打开广阔的空间。

三是才气行于事。在德行护佑下，把自己的才华肆意、极度地发挥于所做的每一件事情上，不问结果，不问收获。

四是义气施于人。敢于担当，大度仗义。

14

凡事顺势而为

势，分气势、地势、因势。

首先是气势。就是你变得很强大，而且别人也认为你强大，两者不可或缺。气势不是虚的，是日积月累的实力，虚张声势并不是真正的气势。

其次是地势。是占尽地利与平台的优势。而最重要的地势是内心的高度，内心的最高处叫作“道心”。活在道心层面上，就会形成降维打击的势能、势力。

再次是因势。根据外在环境的形，顺应时世的势，因形就势，把自身的价值、才能充分发挥出来，从而与气势、地势合成一种动态的平衡，是为因势而为、随心所欲，到自由王国了。正如陆九渊所说的：无事时，我一无所知、一无所能，一旦有事时，我无所不知、无所不能。

当然，除了以上的三势，一个人最大的势是德势，也就是积德成势。德在高处，一切都是好事；德在低处，一切都是坏事。

15

静静地喝一杯茶

会喝茶的人：

一是缓慢。只有慢下来，才能感知到茶里隐藏着的所有信息，包括茶树生长环境里的土壤、空气、各种微量元素以及“春风绕树头”的生命真意。喝一杯茶，仿佛一下子坐到了那片山上去了。

二是敬畏。在细微处感知茶的伟大，每一片茶叶都是在经历了无数艰难与痛苦后才被茶人从树下硬生生掐下来，反复揉搓、炒焙、煎煮，才终于以一种优美的姿态来到我们的面前。茶那么伟大，可是它谁也不嫌弃，供任何人享用，平等普遍。不过，只有敬畏心重的人，才能喝得起茶，因为“‘茶’渡有缘人”。

三是喜悦。如今，喜悦，已经成了奢侈品，人很难喜悦。喝茶，就像与一位得道的高僧坐在一起闲聊，一切都那么宁静、优雅、喜悦、从容；喝酒，则可以让人情绪高涨，互相感知彼此有情有义的生命热情，或许还可以释放一时的消极与无奈。茶与酒，都是来成全我们的，只是茶更像一位瘦弱的圣者，酒则像是一位多年的老朋友。中国人真离不开它们。

七、取得的成就越大越是靠修养

成就来自修养，取得的成就越大越是靠修养。

因为，小的成就靠个人本领，大的成就则要靠众人支持。最大的成就的取得靠的都是你不认识的、看不见的、想不到的人，他们发自内心地支持你，以成就你为乐，这，完全来自你的修养。

修养，就是孟子讲的“天爵”，相对的是“人爵”，就是权贵们赏你的。权贵们可以赏给你，但他们也可以随时拿走。

1

君子忧道不忧贫

那些总担心自己没钱的人，百分之百是没有志向的。人如果有了志向，“持志如心痛”，一心在那“痛”上，他顾不上考虑有钱没钱的事。另外，有钱，没钱，都是结果，用舍由时，行藏在我。

唯一要担心的是，自己的学问和本事还不够，自己的德行修养还不够，所以要赶紧努力。

2

德行厚重，精神饱满

德行厚重、精神饱满的人，往往有两个特点：

一是主动吃亏。

吃的亏越多，在身体里积累的人生价值越多，人就会变得越值钱，身体里自有一套别人拿不走的尊贵与分量。

二是乐于付出。

有的人把付出看作自己的收获和荣誉，有的人把付出看成损失和不幸。两种看法，两种人生。

乐于付出的人，通过自己的付出，沉淀自己的德行，人因此变得越厚重，精神变得越来越饱满。

“穷人”，就是习惯于索取或占有的人。而“富人”则是不断给予别人、成就别人的人，他们因为乐于付出和照顾别人而感到喜悦与享受。

3

把私心藏在公心里

我们的忧虑、焦虑，比疑惑多。忧什么呢？不是先天下之忧而忧，而是忧自己，忧一时得失、忧自己的将来。张居正讲，仁者克己复礼，涵养纯熟，浑然天理之功，绝无私欲之累，故能顺理安行，心广体胖，所以仁者不忧。

不能私心太重，老觉得这些东西是自己的，不能失去。要学会把私心藏在公心里，方法就是多想想：别人需要什么，我能为大家做什么，我能为社会做点什么贡献。

4

与时间交朋友，做时间喜欢的事情

时间，眼睛看不见，但人怎样活着，跟你与时间的交往方式息息相关。

在时间轴上，我们才知一切因何而来，向何处去。只有在历史中寻找自己的定位，才知道自己的使命之所在、灵魂之归宿。

与时间交朋友，好好相处，做时间喜欢的事情，因为一切都是“时间的玫瑰”（北岛名诗标题），一切都是“长期主义”（经济学名词），谁也无法摆脱时间设定的一切规则。

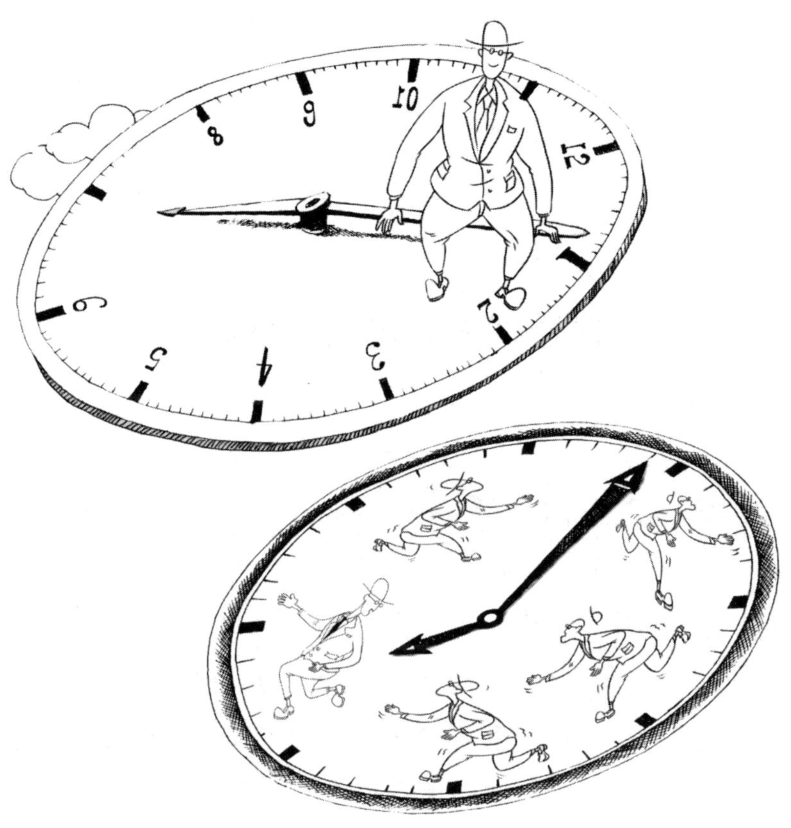

5

保持别人对自己“低看”

如果别人“低看”了你，那太好了。保持住，就是实胜于名了，渐进不已，源远流长，更大的实力在后头，不可限量。

怕就怕别人“高看”了你，你还欣欣然，那就是名胜于实了，这时，你正站在一个危墙之下，随时有危险。孟子讲，“知命者，不立乎岩墙之下”。

其实，一个人越是把自己放在低处，他在别人心目中的地位就越高。只是很多人选择了相反的方向，努力拔高自己，内心还希望别人“高看”，真是“下愚”啊。

6

一切都是自己感召来的

你是什么人，你周围就是什么人。

物，也是会找人的，即使一时擦肩而过，往往最终还会重聚。

而你所处的环境，本身就是你内心的一种投影。一切都是感召，一切美好或不美好都是自身的德行修养与内心高度的一种反映。

自作孽，不可活。一切的灾祸，也都是自找的。一个人如果自己言行端庄敬慎，没有一点过失，那别人看见自然心生严肃忌惮；反之，如果自己轻佻傲慢，或者言辞放肆，自己不自重，别人就会认为可侮，于是耻辱就加到你身上了，自取其辱是也。

天降之孽，看似可怕，只要敬天爱人，修德以应，是可以避免的。而自作之孽，灾祸降临，岂有存活之理?

7

让自己的内心流畅起来

一切都是水到渠成，而非努力的结果，所谓“春来草自青”。

这就要求我们要让自己的内心保持流畅，即随时，随性，随缘，随喜。

所谓的积极努力，只是造势、顺势的积极努力。

8

当死就死，但不作死

怎样安身立命?

“夭寿不贰，修身以俟之，所以立命也。”就是说：无论寿命长短，不改变原则，坚持修身养性，等待死亡，所以安身立命，事天以终身。

人生际遇，无非死生祸福，看透死生是一种境界，超越祸福也是一种境界。

可以尽道而死，这叫正命，当死就死。反之，不珍惜生命，就是“作死”。对每人只有一次的生命不珍惜，你死了，把父母丢下了，那是一种罪过。

9

心平气和

始终心平气和，真的不易。

心不平，是因看不平差异，容不下与自己的不同；气不和，总是“喘”，是因为内在坚韧不足，或私心在主导自己的情绪。

明代哲学家吕坤讲，当可怨、可怒、可辩、可诉、可喜、可愕之际，其气甚平，这是多大涵养！

10

保持谦卑

境界越高的人，越谦卑，越随和，越温暖。

只有内心在低处的人才会自大、自满。当一个人自大、自满时，他已经陷在自我的陷阱里出不来了，其实是在折磨自己。

谦卑，意味着：一是知己无知，我们的知，相对于未知，几乎可以忽略不计；二是知道自己并没有想象中那么重要；三是能读懂别人的优秀，看见自己不如别人的地方，所以，“用师者王”，所到之处，见谁都叫“老师”。

谦卑，是很深的道行，也是人一生最舒服的、最能使上劲的姿势。

11

拥有一副好脾气

是人，就会发脾气。发脾气，可以释放压力，但发脾气会伤人，最后如果又咽不下这口气，还伤了自己的身体。

最大的慈悲是对自己好一点，即拥有好脾气。

怎样拥有好脾气?

就是时刻将心比心，心里装着别人，关心着别人，就不会因为一时的得失遭遇而狂喜暴怒，而是接受下来，然后积极处理，这就是“中”。喜怒哀乐之未发，谓之中；发而皆中节，谓之和。不偏不倚，恰到好处。

12

不能让自己的局限支配了人生

所有的好与不好，往往取决于我们的心意。符合自己心意的，就是好；不符合自己心意的，就是不好。但是，要知道，我们的心意是有局限的，不能让自己的局限支配了人生。

我们的心意的局限，有四种：意，必，固，我。

“意”，就是臆测心，主观臆断，只选择符合自己立场和情绪的部分来完成判断。

“必”，认为事情一定会怎样、必须怎样，符合自己预期的，就高兴；不符合自己预期的，就郁闷、不爽，非要闹出一点动静来。

“固”，如果“必”是心态上不能接受，“固”就是行动上非要按自己的意志办。

“我”，就是自我心，只想着自己，心里没有别人，不在乎别人的感受。

13

向上走，很难，需要严格地自律

成长，就是不断向内心的高处攀登。

在内心的低处，都是世俗意义上的芜杂、纠结与障碍。

在内心的高处，才能与圣哲先贤的智慧相遇，从而得到文化的润养。

然而，向上走，很难，需要严格地自律；向下走，却很容易，放纵即可。

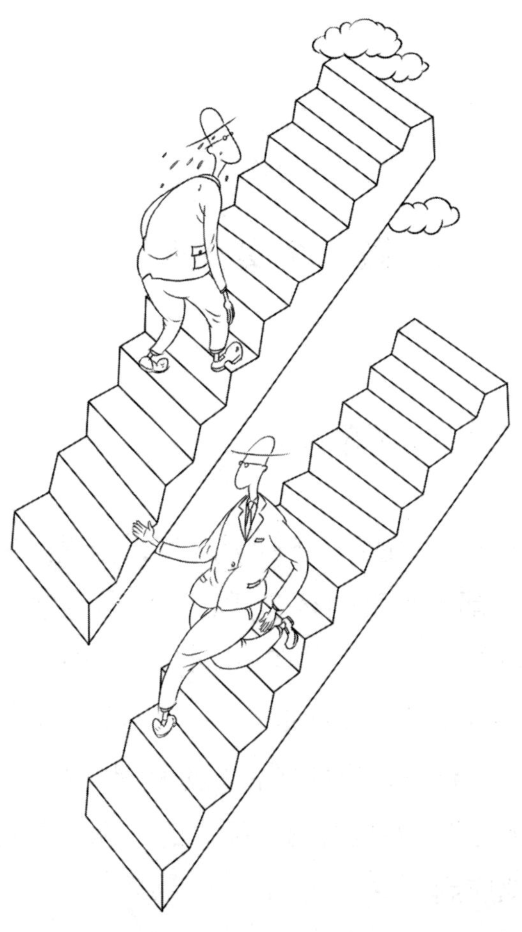

14

做一个实在人

做人的最高境界是做一个实在人。

实在人：

一是“言之不出，躬之不逮”。不轻易说话，怕说出来了，又没做到。而有些人常常说很多自己都不当真的客套话、过场话、空话、糊弄话、和稀泥话、倒糨糊话，大家习惯了，也不当真，这时，你在别人心里，就不实在了。

二是“讷于言，敏于行”。说话很容易，所以要迟钝一些；身体力行很难，所以要敏捷。而言能顾行，行能顾言，你就是实在人了。

三是“真诚直抵人心”。人是有感应能力的，你是否真诚、实在，根本装不出来，对方一定能感应到。

如果很多人说你是一个实在人，至少在做人这个问题上你的得分很高。

15

对自己要求高一些，对别人要求低一些

对别人的要求是徒劳，只能对自己要求高一些。

这里的“要求”，不是赚多点钱、获得多大的权力与多高的名望，而是对自己内心高度的要求。

心在低处，时时缠绕的是得失、是非、错杂、障碍。

心在高处，遇到事才能从事里跳出来，看见自己心之去向与前路；遇到情绪问题才能以高于自己情绪的理解淡化心绪。

精神上崇高、尚高，这就意味着——尽可能离世俗远一些，离神圣近一些，力争活在道心层面上。

八、注意自己的谈话质量

注意自己的谈话质量。

一是没有质量的话不说。

二是自己不明白的不说；明白的，直接拿主意。

三是听别人的话也要选质量高的听，没质量的谈话尽量不参与。

1

措辞文雅

有些小孩子，一张嘴就是“去他妈的”等口头禅。他可能是无意的，甚至不知道说的什么意思，但如果不加以及时更正，18岁之前语言系统渐渐固化，长大后，因为心中无礼、言行粗鲁，没有人会去托举他；没人托举，自然就难以成事，也得不到人的尊敬。

再者，注意措辞的信、达、雅，并且不断清洗掉自己下意识的“口头禅”，“口头禅”越少，显得越亲切、可信、优雅。举个例子：一是“我认为”，“我认为”的一定是偏见，因为你不是他；二是“但是”，人家一说什么，立即接上去，“但是，做起来太难了”，直接给自己设置了壁垒，哪里能学到真东西。

孔子说，文质彬彬，文，是表达、措辞；质，是本事、是实力。文质兼顾，是为君子。

2 与语如兰

齐白石老人1947年的一幅写意画《与语如兰》堪称神品：一个透明的玻璃杯里插着一高一矮两枝兰花，花头上下相向，似是含笑相对，私语如兰，让人感觉像是两颗心之间的交流，似与不似之间，妙不可言。

与语如兰，是听他说话，似乎有一种如兰的清香，不需要经过大脑，直接就入心了。

我体会到的“与语如兰”：听他说话，不只是内容让人有所启发，即便听他说话的声音，也是一种享受，声调如钢琴上的G调，温和自然，表情诚挚，咬字清楚，每一句话、每一个词好像都经过洗练，恰到好处；而有时的沉默无言，则让空气中的风、草丛中的虫或是树上的蝉，讲话给人听。

《孔子家语》中有言：“与善人居，如入芝兰之室，久而不闻其香，即与之化矣。”讲的就是“与语如兰”的化境与曼妙。

3

人不可能被“说服”，但可以被“说动”

企图说服别人，等于给别人身上加一把枷锁，迫使其就范。

人不可能被“说服”，但可以被“说动”，感动了，流泪了，然后才会去行动。

4

君子贵言

什么叫明白人？就是对明白人说明白话，对不明白的人，最好闭嘴。

所以，君子贵言：

一、不去游说别人。要懂得放弃，如果对方主意已定，不听你说，你还说半天，那你就是巧言令色了。

二、不要说自己都不信的话。我们很多人每天都在说连自己都不信的话，先“骗”自己，然后再去骗别人。

三、不说自己拿不准的话。拿得准多少，就说多少。说实在话，做实在人。

四、荀子说了，只要对方要和你辩论，你就不要说了，转身离开。

五、遇到高人，争取和他说一句话，以免失之交臂，甚至失人。是不是高人，他说一句，你就知道了。

5

不要轻易说“我知道”

不要轻易说“我知道”。你真的“知道”吗？未必，知行合一，才叫“知道”，你顶多算是“我听说过”。

“我知道”，是傲慢，当你一说出来，就把自己往深处走的路堵死了。孔子讲“朝闻道，夕可死矣”，知道，得道，悟道，是一辈子的事，孔子终生好学不止，都不敢说知道“道”是什么呢。

6

轻轻地说

需要声嘶力竭地说话，一定是因为他的分量不够。

德在高处，别人自然望重，这时候，轻轻地说，就可以了。

轻轻地说，就是把握住自己的气息与节奏，不以自己的急导致对方的乱，让对方默然归位，一切都是自然而然，水到渠成。

在教育上，“轻轻地说”是教育者对自己内心高度与德行厚度的一种基本要求，也是教育的力道所在。

7

沟通的实质是对接

有一些人，你和他一谈孔子、孟子、老子、庄子，他就犯困，那是因为他的敬畏心还没有达到与圣贤对接的程度。

心在低处的人，你给他高级的东西，他对不上也接不住。我们一厢情愿认为的高级，说不准在他看来是上不了台面的呢。如果指一条财路给他，他可能还会有一些热情。

不是谁都值得去教的，对接不上，最好还是闭嘴。

6

8

说话说到本质上去

我们经常讲，凡事要回归本质。而讲一个人水平高，通常就是指他讲的话很本质。

那么，什么是本质呢？

这是一个哲学问题。本质，至少意味着三个层级：首先是存在性，就是因何而来，存在于何处，以什么样的方式存在；其次是目的性，就是要实现什么目的，包括本身的使命目的和外在的需求目的，前者为本，后者为末；再次是必然性，就是实现目的的规律与步骤，应该是一套有效的整体解决方案。

比如讲教育的本质。只有时时回到教育的本质与原点，才不会迷失或走弯路。

9

教育是一门平衡的艺术

把话说到点子上，那个“点”是很小的，需要有一颗灵动、自由的心灵，才能在动态中捕捉住那个“点”。

在教育上，那个“点”就是平衡点。

教育，说到底是平衡的艺术，也就是“执两用中”，认识清楚底线并接受下来，然后把最好的结果界定明确，向最好的方向努力。这里的“中”，是动态的，是向上的，是发展的。找到这个“中”，也就是找到“把话说到点子上”的“点”了，这个点也是教育的着力点。

10

说话要慢，行动要快

说话很容易，嘴一张就是，所以要“迟钝”一些，凡事缓一下再说。

身体力行很难，所以行动上要迅捷一些。

言能顾行，行能顾言，你就是一个靠谱的人了。

11

以其人之道，还治其人之身

这话是《中庸》里的，被曲解了几百年了，曲解为“以牙还牙”，“报复恶言”。但其真正的意思是，君子教导人，用人自己身上本来就有的、本来就懂的道理，来修养自身，让人明白，让人自己去找答案。

12

把"但是"这个口头禅删掉

有人和你分享一个好的理念或好的建议，你听完后，下意识地回应"说得很对，但是……"，这里的"但是"，直接把自己从云里"但是"到泥里去了。

这里的"但是"，是对自己的拒绝，也是导致思维僵化的一个"坑"。

13

只讲自己焐热了的东西

真正的讲学，是用身心讲学，所讲内容，必须是自己“焐热”了的或者是“活出来”了的。

如果一个人什么都能讲，打通儒释道，动不动还能讲东西方文明，以及量子力学、基因工程、元宇宙，凡是能得到台下吹捧的都讲，大概率是，他的学问都是“道听途说”，没有一门学问是他精通的。

荀子讲“口耳之学”，“口耳之间，则四寸耳，曷足以美七尺之躯哉”，没有“知行合一”，没有让学问在自己身上从头到脚过一遍，是“为人之学”，而不是“为己之学”。

所讲的内容是自己用身体焐热了的，就有温度，同温同心，别人才能接得住。讲有温度的话，上有温度的课，做有温度的教育，这是起码的要求。

14
学会闭着嘴说话

人与人之间的沟通，语言只占15%，表情与动作占15%，而人的状态则占70%。

我们嘴里讲的所有的“道理”，只是一个说法，是天上的云，而人们所需要的是落下来的雨。如果我们执着于“道理”了，就看不见光了。

学会闭着嘴说话：

一是感应。人与人之间最根本的沟通是心与心之间的感应，当对方感应到你真的在乎他，就不需要语言了。

二是感动。再好的道理也不能让人感动、心动，很多时候，人只要一感动，一流泪，心门就打开了，阳光就照进去了。而道理，无法开启人的心门。

三是感悟。只有悟到的才是他自己的，如果不能带着对方一起走向觉悟，可以说，你的苦口婆心，没有任何价值，反而会让人讨厌。

教育，是大智慧，不是什么讨巧的技术。

15

学会商量

人与人之间的不知、不解、误解、曲解，在所难免。最伟大的化解方法是“商量”二字，没有一件事情是不能商量的。

人类文明的进程，实质是商量与妥协的进程。

商量的可能性在于：对方所说的，一定有其道理，而我所说的也未必就是正确的，可以通过商量达成共识。

九、所有的捷径都是骗人的

大门大道，人们认为一眼可以看穿，没什么新奇；然后眼神游离，往别的地方瞟，看看有没有捷径，能不能走后门。比如，上个公厕，都恨不得和看门老头熟络，求个方便。

行不由径，见路不走，是中国人几千年来最大的一种心病。其实，所有的捷径都是骗人的，所有的弯道超车，迟早都会翻车。

1

积累是第一竞争力

一切都是积累的结果，成功是积累出来的，堕落也是积累出来的。

确定要做一件需要十年才能完成的事情，坚持每天积累一点点、进步一点点，十年之后，别人想追也追不上，你就活在别人的想象之外了。

“君子上达，小人下达”，就是积累的义理。

2

先尝试21天

对于新的事物、习惯以及兴趣爱好，至少要先坚持体验21天，才能判断是否适合自己，是否值得坚持。

第一周，热情参与，充分感受；第二周，深入其中，获得理性认识与情感认同；第三周，价值判断，决定取舍。

中小学生的兴趣培养和习惯养成，也可参照这个21天定律。

21天
3
2
1
1 2 3 4 5 6 7 8 9 10
2021

3

喜欢一件事，然后把它做到极致

杨丽萍讲，赚钱是最容易的事，为什么呢？比如你喜欢一件事，然后把它做到极致，本身就是一种福气，钱自然就会来。

赚钱确实是一种本事、一种能力、一种实力，但天天想着各种赚钱的招儿，是赚不到钱的。

本与末，先与后，始与终，这三对关系，时时刻刻在检查或校正我们的内心定位。

4

付出的代价越多，回报就越大

付出越多，回报越大，这是铁律。尤其在学习上，要舍得花钱、花时间。

想买什么书要舍得花钱，不买，什么也学不到。因为经验是花钱买的，问别人问不来。

另外，对于现代人来说，钱花在哪里，他的价值观就在哪里。

5

量变带来质变

没有量，就没有质。比如，生病吃药，就算给你最好的药，你只是舔一舔，也是治不好病的，还不如给你差一点的药，对症了，吃够量，吃够天数，病就会好。

对于学习，也是如此，只要拉满弓，尽全力，“必志于彀”，下足笨功夫，没有学不好的。

对于事业，更是如此，不能只是舔一舔、看看效果再做打算，而是认定了一件事，就要把这件事做到底，量变够了，质变就出现了。如果还没有出现质变，那还是因为量不够，坚持的天数不够。

6

压倒性投入

把精力、时间、金钱压倒性地投入到最重要的事情上。

什么是最重要的事情？就是不断做减法，减到最后，就剩一件事情了，这一件事情就是最重要的事情。

7

减去多余动作

不是所有有价值的书都要读，也不是所有有价值的活动都要参加。

凡是可读可不读的书，不要读；凡是可参加可不参加的活动，不要参加。这样，才能把大块的时间，都投入“当务之为急”的事上，成为真正的专家、行家。

“吾生也有涯，而知也无涯。以有涯随无涯，殆已。”后半句话更重要，乱动作、废动作、多余动作一大堆，将有限的生命投入无限的无聊事情之中，总是难成大事的。

为学，做事，最伟大的方法是做减法，即减去多余动作。

8

少动心思，多用四肢

我们经常讲，要“多动脑筋”，踢球也说要“用脑子踢”，但是，哪个运动员是靠脑子踢出来的？都是靠脚练出来的。

如果大脑是君主，四肢就是大臣。一个人胡思乱想多了，就好比君主忙得成了救火队队长，而大臣们却闲着没事干，这样必生祸乱。因此，只有让四肢又勤又动，心思才能歇息，同时，行动就会变得纯粹、专注，不会迟疑犹豫，进而，体悟就会越来越深。

学习的本质是，用身体学，用感官学，用肌肤去学，用脊椎神经去学，一切答案在现场，这就是“知行合一”了。

9

越慢越深入

一口白米饭，一小块馒头，一小碟咸菜疙瘩，放在嘴里，慢慢地咀嚼，也能嚼出一丝丝的甜美，这取决于自己拥有怎样的一种心境。

缓慢时，我们才能感知事物背后秩序的极致，才能被美引领着迈向内心的高处。

鱼烤焦了，不是火大，而是心急了。慢，是创作生活、创作美、创作教育的第一准则，越慢越深入。

10

每天至少有两个小时远离屏幕

每天都被电脑、电视、手机等屏幕所控制，时间长了，人的思维韧性就会丧失殆尽。

每天至少有两个小时远离屏幕，就给耳朵、鼻子、嘴巴、双手双脚留出了感知世界、感知生活、感知他人细腻的内心韵律的空间，人的思维韧性因此就得到了锻炼，不再僵化了。

11

深入挖掘

遇见一个“宝藏”，或一个研究题目，或一个机遇，或一个顶尖的专家，或一句善言、一个关键词，需要不断往下挖掘，沉潜反复，久久为功，必有回响。

大多数人，遇见“宝藏”，或心猿意马，或浅尝辄止，或潦草糊弄，就这样与“宝藏”相见不相识，因而不会有大的出息，渐渐地，“泯然众人矣”。

每个人都会遇见“宝藏”，但不会太多次，转瞬即逝。小心！

12

始终关注基本面

一切的成功都是基本面的成功。成功来自狠抓基础工作、基本功、基本面，而不是奇思妙想。

比如一所学校的成功，基本面就是：上好每一堂课，关注每一位教师的内心成长，让每一位学生都想发展、能发展，弄通、弄透每一道考试卷上的错题，培养好学生的每一个习惯，等等，看似简易平常，似乎“无智名，无勇功”，实则“不疾而速”。

13

诚是天道，思诚是人道

诚是天道，思诚是人道。要做到天人合一，就要至诚无息。

会不自觉地骗己骗人、夸大夸张、虚荣贪婪，是因为想从别人那里求得什么。要知道，求是求不来的。

相反，实事求是，无一丝骗人夸大贪心的念，时间长了，就成了有德之人、实在之人，人人都喜欢他，人人乐意帮助他，都愿意让他好，不愿意看到他不顺利不开心，再做什么事情，神都会来助他，是为“至诚如神”是也。

14

尽力往往是一个借口

尽心，就是穷理，尽心而知性，知性则知其理之所出。只要尽心，就能找到自己的良知良能，就一定有办法、有创意，因为，一切答案，都在自己心里。

相对于尽心，尽力则往往是一个借口。如果一件事情没有办成，我们常说“我尽力了”。尽力了怎么没有办成？还是没有尽心嘛。

15

越小的承诺越要信守

我们经常会说一些小的承诺，比如“下次一起吃个饭”“明天下午三点准时到”，实际上没有当回事，也没做到，时间长了，别人也就不把你当回事了。

守时守信，言行一致，并非只体现在大的事情上，而是要在小的事情上一点点积累，最终才能成为一个值得别人托付的人。

十、命运，就是你遇见的人

命运是什么？命运就是“你遇见的人”。善待命运，就是善待你遇见的人，尤其你周围的人。

即使对方是小人。

人都有君子的一面，也有小人的一面。当你把君子的一面呈现给对方，对方自然也会把君子的一面朝向你。

相反，“人而不仁，疾之已甚，乱也”，你当他是小人，眼睛里揉不得沙子，疾恶过了，事穷势迫，被逼急了，他就会展现其小人的一面，逞凶施暴，无所不至，就会一下子把垃圾倒在你身上，“乱也”。

1

距离产生美

所谓的礼，就是距离。距离产生美。而找到一个让对方觉得舒服的距离并保持住，就是礼的日常。

“保持”的含义是，如果对方太近了，你往后退一步；如果太远了，你往前走一步。

狎昵的，肆意调侃的，动不动称兄道弟的，在孔子看来，都是不敬。礼的最高境界是“久而敬之”，人和人之间越是亲近，越需要以礼相待。

2

求助于人，做好被拒绝的准备

人的怨气，起于对别人有期待，达不到你的期待，便怨气腾腾。可是，怨气充斥的人生是错误的人生。

说到底，这个世界，人都是孤独的，并且，谁也不欠谁，因此，对于别人，无论是朋友、爱人、亲人、孩子，把期待降为零，叫“零期待”，这样，别人对你的一点点好，你也会感恩不尽。活在感恩的世界里，一切都是感人的、喜悦的。

同样，求助于人，要有被拒绝的心理准备，虽然很难，但学会平静地接受，人就长大了。

3

及时表达歉意

因为不可避免的客观原因，没能守诺，要用语言、用行动，第一时间表达对别人的歉意。

这是一个重要的道德账户。在这个账户里，每天存一点，渐渐就有了礼，积礼成德，终成为一个有德之人。

4

朋友之间，贵在相互托举

王阳明讲：“处朋友，务相下则得益。相上则损。”

与朋友相处，务必相互谦让，退后半步，发现并用言行彰显朋友比自己强，愿意朋友比自己过得好，这就是益友。

如果相互攀比，非要胜人一筹，压人一头，就是损友。

朋友之间，贵在相互托举，用一生去托举彼此、成全彼此。

5

千万不要说“我都是为你好”

“我都是为你好”，是教育的十大禁忌语言之首。

这里的“我”，是自己的欲望与期待，是自己执着的标准。你真的知道什么是对他好的吗？你并不知道。

只有降低了自己的欲望和期待，牺牲了自己关于好和坏的标准，对别人的好才是真的好，因为，你放下了身段，因而拥有了向上托举别人的力量与智慧。

6

任何时候都不贬低别人

教育的第一法则："无论发生了什么，都不可贬低孩子。"因为那样做是捅刀子，会把孩子的心直接杀死。

同样，在生活中，万万不可贬低别人，不可给人泼冷水。

相反，我们需要学会给别人加热，比如，让对方高兴起来，人一高兴，热情就起来了；而人一旦有了热情，我们再看他，身上全是优点。相反，人如果处于低落的、沮丧的状态，我们看他，身上全是缺点。

7

越熟悉，越要以礼相待

“善与人交，久而敬之”，意思是，不管跟对方认识多久、多么熟悉，始终要尊敬对方。

与人交往，起初能以礼相敬，混熟了之后，就变得狎昵、怠忽了，“咱俩谁跟谁”，兄弟来兄弟去。一狎一怠，必生嫌隙，有时还会闯祸。伟人之间也不例外。

8

不配合别人的情绪

喜怒哀乐，是我们的情绪对他人对错的反应，这个反应来自我们的标准，符合我们标准的我们就高兴，不符合的我们就生气，对打击我们的我们就伤心、难过，这是因为我们配合了别人的情绪。

比如，夫妻之间吵架，对方发火，你也发火，这就是配合了对方的情绪，结果火越烧越旺。反之，你不去配合对方，火就烧不起来，因为，一个巴掌拍不响。

圣人之教："喜怒哀乐之未发谓之中，发而皆中节，谓之和。"这里的"中"，在实际生活中，就是不去配合他人的情绪，把一切交给时间，然后静待风平浪静。

9

朋友之间，不是需要对方，而是要欣赏对方

朋友，是人的重要精神支柱之一。

朋友不在于多，一百个泛泛而交的朋友，不如两三个真正的朋友。

真正的朋友，不是需要对方，而是要欣赏对方。

真正的朋友，在内心的高处托举对方，相互支撑、彼此温暖，就像山和水，水绕着山行，山引着水走。

10

近悦远来

儒家的一个重要原理：由近及远，由小到大，然后一点点往外推，直至全天下。

比如说爱，先爱自己，然后爱父母、配偶、子女、兄弟姐妹，然后是朋友，然后是天下人，最后是动物、植物，最后推及天地万物全世界。

有的人为朋友可以两肋插刀，但兄弟之间却弄得反目成仇；有的人爱宠物胜过爱自己的家人；有的人乐于为远在天边的灾民捐款捐物，却对身边朋友的困难视而不见……在孔子看来，这些都是“禽兽”的行为。

悟深悟透由近及远、近悦远来和由小到大、君子上达的原理，则可不乱，可从容自由。

11

懂得与人分享

不懂得分享，是因为心里有私有的执念。

好的物，好的理念，没有一样是自己的东西，都是天地所生。

与人为善，善与人同，意思是乐意与人分享；而见到好的思想观点，也要随时放弃自己的坚持，虚心向人学习。

人类的文明，是因为分享才发展的。

12

把人的信心扶起来

信心是人格的核心，我们讲“把人的心扶起来”，主要是指把人的信心扶起来。

把人的信心扶起来，单纯依靠赏识是不够的。赏识多了，导致审美疲劳或麻木无感，心又躺下了。

人心是忽明忽暗的，要用一颗柔软而敏感的心，去感应另外一颗心，随形就势，随对方外在的形，就对方内在的势，不要去打扰他，要不动声色地等待对方的信心升起来。当一个人的信心升起来了，一切就向好的方向发展了。

13

心里始终装有别人

如果只考虑自己方便，只考虑什么对自己有利，那么大家都会远离你甚至讨厌你。

说一个人有文化，就是指这个人心里始终装有别人，且能将心比心、推己及人，比如碰到跟自己的意见不同的人时他会这样想：“他之所以会这样做，一定有他的难处。”“他有这样的看法，一定有他的道理，我们自己的看法和心意也是有局限的。”等等。

任何一项事业，之所以称为事业，其背后一定有一种恒定的精神力量，这种力量叫作信念。

去成就别人，应当是所有精神力量中最具能量的一个。

去成就别人，并非为了获得回报或人们的赞美，而是为了自身生命的超拔与升华，是对人生的无愧与无悔的求证。

去成就别人，就要无时无刻不去成就别人。一生守住这个信念，不受任何困难与诱惑的干扰，这样这个人的身上渐渐就会有光。这种光，是道德之光、人性之光、智慧之光。

14
不是每个人都要长成“参天大树”

更多的人，只是普通的花花草草，一岁一枯荣，春华秋实，自生自灭，各自安好。

不是每个人都要长成“参天大树”。长成参天大树，需要有根性，也就是我们说的善根与慧根。根扎得很深，才不会与花花草草争宠，而是自我定义，努力向太阳伸展。

善根，就是见了可悲可痛的事，会伤心、流泪。善根的善，是深厚的慈悲，慈，把好的东西给别人；悲，把别人身上不好的东西拿过来化掉。

慧根，是信的心，就是“我宁愿信”，信为道之源、功德之母，深信中国文化的力量，深信道德的力量，看得见看不见都信。这种深信是要用敬畏来捍卫的。所有的智慧，都源于信心与敬畏，信与敬是根。

只有少数人，会长成参天大树，这是命，是天令。

15

爱，不是给予，而是引路

爱，不是给予，而是引路。

所谓引路，就像山泉将至，随形就势，凿路开渠，引之，诱之，逗之，启之，以便其汇入江河大海；又像在草原上，带领羊儿一起走向青草，走向知识，走向开阔的地方。

教育上的爱，男女之间的爱，朋友之间的爱，莫不如此。只是一味地给予，是小情小义的爱，并非真爱。

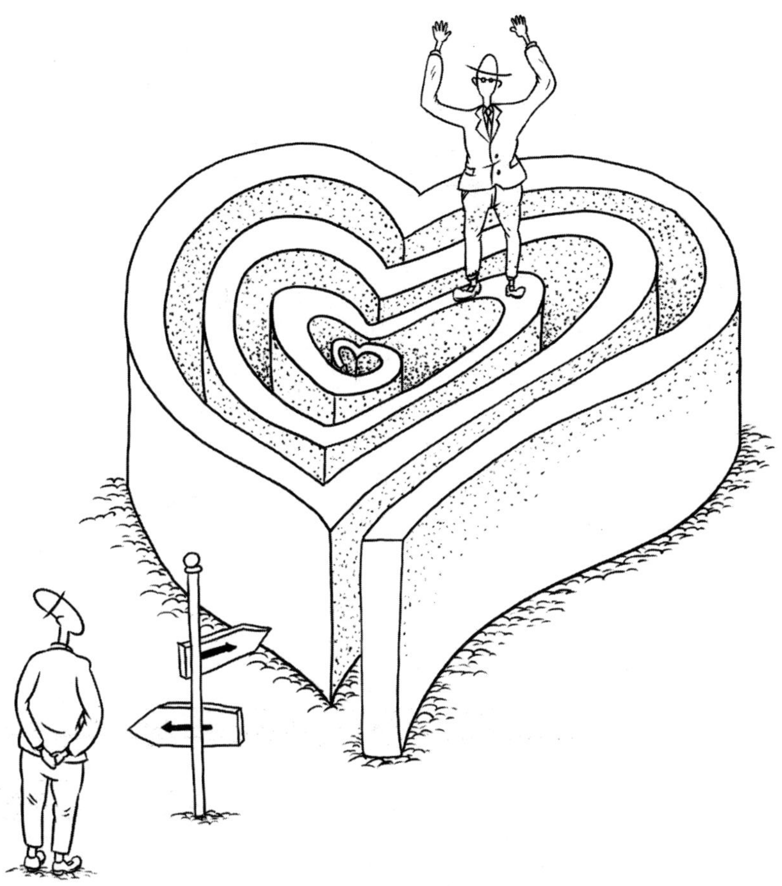

十一、不断自我更新

我们很少有东西是在书本上学会的，多是在实践中自己总结、反思、体会到的，然后再看书，有共鸣，有印证，再仔细研读，顺藤摸瓜再找相关的书来读，总结提高，系统整合。

学习的本质是自我更新，而学习的阶梯是：

读万卷书，不如行万里路；行万里路，不如阅人无数；阅人无数，不如跟随成功者的脚步；跟随成功者的脚步，不如高人点悟；高人点悟，不如在实践中自觉自悟。

1

做一个真正的读书人

读书人，在中国文化中是一个很重要的定位与自我定位。

是不是读书人，与世俗意义上是否成功，以及是否接受了好的大学教育，并没有什么必然关系。

真正的读书人，开卷有益，手不释卷，使得他一生再也不寂寞。

真正的读书人，不管从事什么职业，一生再也改不掉学习、思考、研究的习惯。

一个读书人，在古代叫一粒“读书种子”，所有人都知道，万不可让“读书种子”断绝，他们是人群中的微光。

2

谛　听

用心感知另外一颗心，听见的不是声，而是音，是意外意，是为谛听。

学习的最高境界是谛听。

谛听，就是心中有敬。把自己放到“无”的位置，一无所知，一无所有，一无是处，那么你敬到的对象，无论是天地自然，还是大人明师，甚或圣哲先贤，他们都会以一种别致而舒服的方式启迪你。可以说，敬畏的心越厚重，接收的东西就越丰富，层次就越分明，含义就越隽永，因为此时你的心门是打开的，进来的东西，无须通过大脑，直接入心了，虚空之心是也。

我们的学生为什么听课质量低？是因为缺乏谛听的心胸与能耐。

我们常听到的“观世音”，是慈悲的代名词。实际上，这也不仅仅是佛教的含义，更是史家之情怀，是贤者之志向。

谛听是大担当、大激情、大学问。

3

凝　视

凝视，就是把精神集中起来，盯住一个字、一个词、一句经典，甚至一件大师的作品，凝视久了，就印在心里了，即所谓心印。

学习的根本方法之一就是凝视。

然而，我们很多人都已经不会凝视了，眼神常常飘忽不定，所见，要么模糊混浊，要么空洞无物。

凝视，需要一颗安住当下的心，需要宁静的自信，更需要一种有教养的、无分别的、高雅的气度，这样才能真正地用心去看这个世界，才能看见万事万物隐藏的内在秩序，才能看见人心里的忽明忽暗、忽显忽隐。

白居易诗云："当时乍见惊心目，凝视谛听殊未足。"与凝视相伴的是谛听，这是世间最稀见的两种才能。

4

不要问别人讲得对不对，只问自己有没有收获

不问别人讲得对不对、好不好，只问自己有没有收获。即使别人讲得可能真的不对，至少给我们提供了一个思考的角度。

老师讲的，对的，我吸收；不对的，先放一边。可是，很多人的毛病是专给老师纠错，一下课就和同学开小会，“老师这里讲错了，我认为……”；读书时也想胜过古人，孔子这里不对，朱熹那里不对，陆九渊也没有说到点子上。这样，似乎就显得自己水平高了。

王阳明讲，这都是“胜心”在作怪。“胜心”一起，就很难得其门而入了，只能站在墙外看热闹。

学习的目的是给自己加分，而不是给别人打分，更不是为了让别人觉得自己有学问。

5

不动笔，不读书

列宁是世界上最会读书的人之一，他的《列宁笔记》堪称读书范本。他总结了一套最简易的三级笔记法，让许多人受益。这三级就是：第一级，画横线，是“我认为作者讲得好的”；第二级，画横线+句末画一条或两条短的竖线，是“我认为作者讲得特别好的”；第三级，在行间右侧打一个“<”号，在符号开口处写上自己的体会或收获。

当然，读书的最高境界是“抄写”，一字一字刻入心里，因为人的记忆力是不可靠的，不仅存在艾浩宾斯曲线原理即遗忘规律，而且抄过后，对于字、词、句的把握才能精准、精确。表面上看都是读书，实则差之毫厘，失之千里。听一个人讲话，一听就知道他在读书上是否下过笨功夫，越是聪明的人越需要下笨功夫。

6

晴耕雨读

上天管一切，有时晴，有时雨，人难以左右，只能顺着来。

晴时，“当为则为”，认真用好每一分钟，充分发挥自己的才能，为社会做贡献；雨时，是“当守则守”，读书，写作，思考，沉淀自己的底蕴，蓄积自己的实力。

“守”，是给“为”做准备。其实，人一辈子最重要的工作是“准备”，而不是“作为”，因为，有守才能有为。

7

一本书不读完，不读下一本

读一百本书，不如一本书读一百遍。这就像交一百个朋友，不如交一个能深入交流与互相促进的朋友。

而起点是养成“一本书不读完，不读下一本”的好习惯。

8

温故知新

很多人总担心落后于时代，到处学，什么都学，生怕自己落伍了，结果是，始终浮在表面上，沉不下去，甚至什么也没有学到手，这让自己更焦虑。

“温故知新”的意思是不急于学习新的东西，而是在老的、已经掌握了的东西上涵泳盘玩，在不同时期、人生的不同阶段，都会有新的收获。

学习，贵在有深度，即“深度学习”，就是不断挖掘自己，不断向根本处求索，这时，心静下来了，对问题的理解和分析的能力就会逐渐增强。

9

排除假知识

当下，我们每天接收的假知识太多了，远远超过真知识。

假知识更适合人的胃口，它会让人觉得，只要运用它，就可以一举成功。而真知识，则让人觉得做起来很难，需要脚踏实地，一分耕耘，一分收获，有时甚至让人失去耐心。这样看来，区分真假并不难。

人的学习，最重要的任务不是增加真知识，而是排除假知识。

10

用文字记录感悟

感悟，是我们每天与这个世界对话之后的发现与思考，是学习的真谛所在。

感悟到的，就是化入我们身体里了的。感悟多了，内心就成长了。人也就厚重了。

但，感悟和灵感一样，容易飞走。一个很好的办法就是每天用文字记录下来，使感悟可视化并具有重要的收藏价值。

11

非礼勿视，非礼勿听，非礼勿言

任何时代，群魔乱舞，歪理邪说、旁门左道满天飞的现象都有，且新奇的东西总是能让人趋之若鹜，因为人性的特点是追新逐异。好奇害死猫。尤其当下视频当道，更是如此。

而正理，因为太简单了，太朴素了，太土了，显示不出“品位”，反而被抛弃了，所以得正理的少，得歪理的多。

中国文化，都是微言大义，要一句话一句话自己去悟，别人教不来的。比如，少看短视频这样的话，很多人在讲，无非是有所图，欺世盗名而已。

12

人是有类型之分的

我们把人分为两大类：

一类是力求上进的人，另一类是因循怠惰的人。

第一类人中，又可分为两型：仓储型和加工型。仓储型的人，喜欢学习，他们的脑子像一个仓库，把知识装进去后，整整齐齐码好，然后不断寻求新的知识。加工型的人则不同，他们把知识输入大脑后，立即消化，汲取其营养，夯实根基，并反复加工，把它们和过去吸收的东西融合起来，组成更新、更好、更切实的东西。

13

无用方为大用

文化，无用而有大用。无用是因为文化并不能让我们获得世俗意义上的成功，它不是所谓的制胜法宝；有大用是因为没有了文化的星空，我们就会失去方向，甚至无路可走。

只有让文化出场，才能终结当下人心的混乱；也只有文化才能弥补我们身上的缺陷和遗憾，才能抚平我们内心的坎坷与不平。心路平坦无阻了，人生从此一路欢歌笑语。

在世俗层面上，很多问题经常是无解的，是无可奈何的，比如教育孩子。而只有站在文化的高度上，在聆听先哲圣贤的启迪之后，才能找到化解难题与化育人心的钥匙。

文化无时不在，但又无形无色，就像鱼在水里游，鱼并不知道水的存在，但鱼离不开水。这里说的水，就是文化。

14

激发人的自主性

教育的根本任务是把人藏于内心深处的自主力量挖掘出来。

自主，就是任何时候都由自己做主。

自主的人，有三个特点：

一是自律。自律是走向自主、自助的第一道门。没有严格的自律与慎独，就不可能真正实现自主。

二是节奏。做该做的事，而不是做能做的事，渐而形成自己的节奏与秩序。不管外面发生了什么，坚实地走好自己的每一步路。

三是自在。始终活在自己的光芒里，不借别人的光。在实践上，把自己说了算的事情做到极致，把自己说了不算的事情放在一边。

挖掘人的自主力量，莫过于托举、引导、激发、协助四法，这是教育者的基本功，更是教育智慧深层次运行的四条轨迹。

15

因病发药

圣贤教人，如医用药，皆因病立方，酌其虚凉、阴阳内外而时时加减之。

每个生命都是独一无二的。每个生命在不同阶段不同语境下，表现都不同，所以，并无统一的方与法，需要因病立方、因病发药。

如果执拘于一方一药，等同于杀人。

教育的过程，是教育者内心运行的过程，心之所及，有痛有痹，自然分明，随处都是方法，顺手拈来，打通痛痹即可。